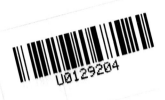

陳福成編

文學叢刊

留住末代書寫的身影

——三月詩會詩人往來書簡存集

文史哲出版社印行

國家圖書館出版品預行編目資料

留住末代書寫的身影：三月詩會詩人往來書簡存集 /陳福成編 . -- 初版 -- 臺北市：文史哲, 民 103.08
頁； 公分（文學叢刊；329）
ISBN 978-986-314-202-7（平裝）

856.186 103015242

文學叢刊 329

留住末代書寫的身影
── 三月詩會詩人往來書簡存集

編 者：陳 福 成
出 版 者：文 史 哲 出 版 社
http:// www.lapen.com.tw
e-mail：lapen@ms74.hinet.net
登記證字號：行政院新聞局版臺業字五三三七號
發 行 人：彭 正 雄
發 行 所：文 史 哲 出 版 社
印 刷 者：文 史 哲 出 版 社
臺北市羅斯福路一段七十二巷四號
郵政劃撥帳號：一六一八○一七五
電話886-2-23511028 · 傳真886-2-23965656

定價新臺幣六〇〇元

中華民國一〇三年（2014）八月初版

ISBN 978-986-314-202-7 09329

本書編成旨趣：趁活著清理「寶貝」藏雲端（代自序）

傳統觀念中，好像出版「書簡」之類作品，是人已取得西方極樂世界「入境簽證」後，才做的事兒。例如，徐志摩、胡適等人，兩腿一蹬走了，其兒孫、學生、友人或文化機構（如出版社）等，都搶著要他們的書簡（或其他各種相關朋友往來信件）。凡此，實例舉之不盡。

這當然是因爲他們是大人物、名人、賢者的關係，像這樣人一走，各界就搶著要他們的書簡，在三月詩會各詩友應是不會發生的。但不表示三月詩人的往來書簡沒人搶就沒價值，在我看來，還是有很高的價值，只是這種價值在目前這種功利又近利的社會，無人能洞見，唯我獨見，故我願意花功夫、花一點小小的銀子，編成並出版本書，把大家的「無價寶貝」藏於「雲端」，藏於名山，存於歷史時空中，便能彰顯其價值，這是一個「總體動機」。

我也爲留住「最後提筆書寫的身影」，作家，坐在自己的書房中，或臨窗看月，心有所思，提起一枝筆，任何筆，按倉頡和先聖們創字之形跡、筆劃，加上自己的創意性格，一字字、一句句、一段段、一篇篇佳文極品，誕生了！但以後，這樣書寫的身影，成爲「絕後」，三月詩會詩友們！你可知道，我們是能提筆書寫的最後一代！

未來，不須太久，約二十年後，凡是能提筆寫字的人，只要能寫出筆劃不缺的字，他就是「書法家」，是國家必須列入保護的稀有物種，乃至是重要「國寶」。

本書編成另一項理由（也是動機），乃針對三月詩會詩人都仍健在時，儘早清理「寶貝」，能儘早完成的儘快完成。才不過幾年，三月詩會就有三位詩人取得西方極樂世界入境簽證（文曉村、許運超、童佑華）（二〇一四年七月補註：今年五月關雲也去報到，不久雪飛也出車禍……），怎不叫人心急！如今他們的書簡信件（往來）何在？想必也去了西方極樂世界！絕不會有誰會去出版一本《三月詩會△△△書簡集》。

是故，近兩年來，我在文壇多次宣揚「這是一個自我『清算』的時代」，若不趁健在清理自己的「寶貝」，花點小錢典藏在圖書館，兩腿一蹬，寶貝全成了垃圾，去了「廢物火葬場」。

關於所謂「三月詩會詩人書簡」，順帶做一範圍界定，通常吾人所謂「某人書簡」，當然是某人所寫的書信，但按一般習慣，吾人寫信除了準備打官司的「存證信函」留底稿，通常不留底的。故所謂「某人書簡」，也通常不在某人手上，而在別人手上。本書編成爲力求「文題相合」，乃愼重以「三月詩會詩人往來書簡」爲題，如此更合本書編成旨趣。

從大約兩年前，我向三月詩會各詩家公告要編成本書，一年多計有麥穗、王幻、謝輝煌、一信、傅予、丁穎、台客、狼跋、關雲、蔡信昌、徐世澤及編者，共十二家。以件數論，麥穗八十九件排第一名，丁穎五十一件第二名，謝輝煌三十八件第三名，關雲三十件第四名。另采言提供作品爲本書封面、封底，亦使本書增光添彩，因爲各家提供自己收藏的寶物，才使本書有面市的機會，特致無尚之感謝，希望「寶物」藏於雲端，成爲歷史之一部。

三月詩會詩人在詩壇經營數十年，文壇各界往來者眾，以麥穗所提供信函各名家爲例，台灣部分有鍾鼎文、紀弦、葛賢寧、覃子豪、洛夫、瘂弦、張默、夏菁、魯蛟、古丁、鍾雷、文曉村、辛鬱、吳望堯、陳千武、高準、秦松、苦苓、郭楓、白萩、向明、羅行、潘壽康、隱地、林煥彰、陳義芝、羅門、沙穗、吳晟、碧果、舒蘭、岩上、薛林、李魁賢、劉菲、林錫嘉、王在軍、向陽、葉笛、琹涵、鴻鴻、張朗、丁穎、謝輝煌、宋穎豪、劉克襄、朱學恕、陳寧貴、丁文智、涂靜怡、李政乃、李春生、楊雨河、唐劍霞（商略）、俞允平（疾夫）、陳漢山（東方玉）、卜少夫（無名氏）、阮毅成，計台灣五十八家。

大陸部分有雁翼、張同吾、李煥頤、蔣登科、米斗、桑恆昌、李雲鵬、鄒建軍、李霞、雲鵬、柳易冰、沈存步、卓琦培、阿櫓、古繼堂、王常新、古遠清、薩仁圖婭、浪波、潘頌德、王學忠、吳開晉、萬琦。計大陸部分有二十三家。及其他：許世旭（韓）、寒星（美）、傅天虹（澳門）、藍海文」（港）、王舒（奧地利）、心笛（美）、彭捷（加拿大）、非馬（美），計八家。

本書出版也感謝文史哲出版社老闆彭正雄先生大力配合支持。他以做公益、宣揚中華文化的精神經營出版社，爲吾輩詩壇文化各界敬重。再者，感謝釆言提供作品製成本書封面、封底，年紀輕輕的釆言小姐，除本務牙醫師外，已在詩界及兩岸畫壇佔有一席之地，她是不可忽視的「長江後浪」，祝福她！

（二〇一三年夏之吉日　草於台北公館蟾蜍山萬盛草堂　三月詩會陳福成）

留住末代書寫的身影
——三月詩會詩人往來書簡存集

目 次

聯誼會座談

三月詩會每月一聚

金劍（站立）評文報告

主持人林靜助報告

誰在上面話多！快睡著了！

文友相見歡

左起：林靜助、陳福成、鄭雅文、彭正雄

文友聊八卦

本書編者陳福成與一信合影

關雲今年五月去報到了！

誰在上面話多！快睡著了！

左起：傅予、台客、林靜助、2013 年 3 月，北越下龍灣。
（照片提供：台客）

左起：陳致烽、王欽俤、馬勇、傅予、王更生、林靜助、
台客、王征彬、鄭鏞。2012 年 9 月，福建福清市。

四川文聯來訪，與中國詩歌藝術學會會員，在台北市錦華樓交流，三月詩會會員大多與會。

兩岸中秋聯吟，三月詩會全體參與盛會。

台灣詩壇百齡大老鍾鼎文（右）、傅予（左）

傅予（左）、潘皓（右）

右起：台客、林靜助、鄭愁予、莊雲惠、傅予

右起：潘皓、麥穗、傅予

左圖：丁穎與作家周伯乃留影於開南大學

下圖：丁穎與詩人亞媺

丁穎（右），吳騰凰（左）

丁穎（右），作家王德珍（左）

丁穎（右），作家李敖（左）

陳鼓應（左），丁穎（中）、張其成（右）於北大校園

三月詩會姊妹花，狼跋（左）和采言（右）

狼跋與詩友 Bill 及其妻 Karen 於台北福華飯店

麥穗（左）頒獎，狼跋「詩思渾成」

詩人麥穗往來書簡

2006 年 9 月 9 日麥穗參加倒扁靜坐

詩友到麥穗（左三）的地盤烏來

中華民國國家統一建設促進會

麥穗兄吟席：承
贈尊著「詩空的雲煙」，業已仔細拜
讀，對於台灣詩壇不同種種演變，
紀載極為翔實，剖析已為允當，敬
佩之至，實難言表，而對於許多過
譽之處，殊覺愧不敢當。文中有兩
人名字似須訂正：第53頁談及紀弦兄入
成功中學執教，介紹人為張煦本，書

中華民國國家統一建設促進會

中談「植張本叔遊」，第121頁談及子
壽兄在台服務機構，原稱「台灣省
物資調節委員會」，後改稱「台灣省
物資局」，子壽兄原該局第二處處
長謝廣義，書中誤作「邊廣義」，為
求史料確實，尊著再版時請
予訂正為荷。端此奉陳，祗頌
著安

弟
謝鼎文 拜上
八六年
四月十四日

葛賢寧 44年

麥穗先生： 二月十八日函

惠贈大著「鄉旅散曲」，謝謝。弟因過勞損及害眼，近五十天未能

全癒，致未能讀書寫稿。近始恢復目力，先讀大著及手示

先生大著，欣喜之至。

「相愛的」書、「夢中」、「漁家女」、「女店員」、「村姑唱」、「出谷百合」

「愛情」、「初吻」、「期待」九篇，清新優美，而形式完整，可說是成熟

之作。「海濱之歌」三章，意境佳，而文字未見老練。「漁使人的家」

一二三節均好，結尾嫌弱，尤其是末二句。「鄉音」一篇，頗爲樸

而真摯，極感動人，形式似乎未調整完善。「母愛」一篇，亦有

此情形。其中「樓」字是否爲「樓」字的誤植。「收穫印象」一篇極

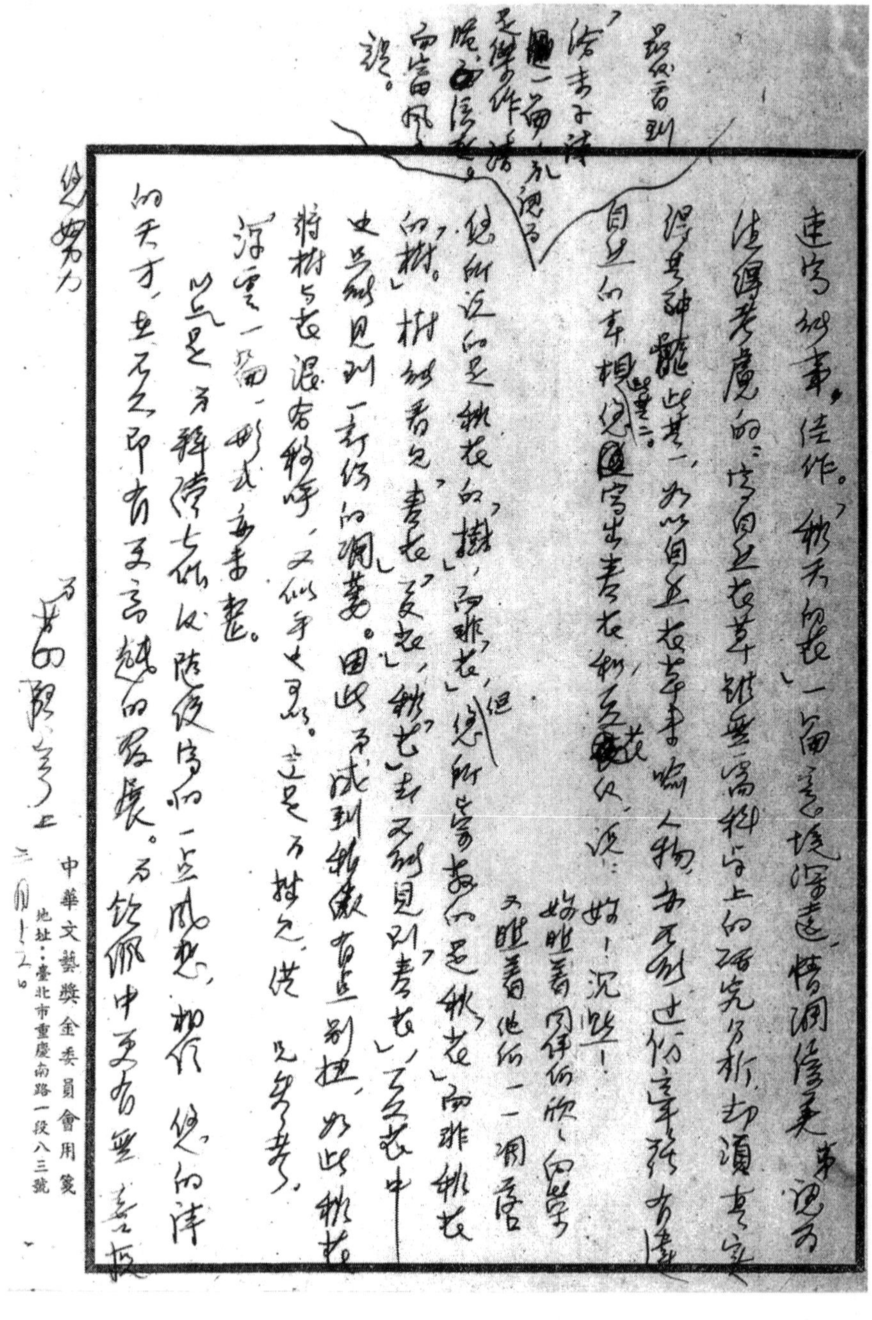
速寫紗車，佳作。「秋天的長」一篇意境深遠，情調優美，弟認為
值得考慮的：詩題是長草雖無需科學上的研究分析，卻須真實，
獨其神韻。此其一。如何自是長草來描人物，未免過份牽強。其二。
自然的事物總須寫出青長和其長的樣子，說：好！沉默！
好比著同伴們欣賞的學
又暗著他們一一凋落
總所述的是桃花的「樹」，而非「花」，但總所寫的是桃花而非桃花
的「樹」。樹就看見「青長」、「長報」，秋也長不到見到「青長」，又長中
也無法見到一新的的「凋落」。因此令我感到彆扭，如此桃花
將樹與長混合稱呼，又似乎也可以。這是我對之淺見，參考。
「浮雲」一篇，形式無害處。
總之是可稱讚的作品，說明一點感想，相信總的詩
的天才，生命之即有更高的發展。我欽佩中學者無 甚好
總之好努力
弟 ……上
二月十二日
中華文藝獎金委員會用箋
地址：臺北市重慶南路一段八三號

麥穗兄：

一、大作台北一日收到，勿念。

二、現詩選已在編排中，不日即可付印，出版費能在近日匯下最好，因印刷廠須繳錢始能動工。

三、出詩選還要出錢，這是自由中國的創舉，但本社經費困窘，實在是不得已，本社不謀．利。

吟安

[illegible] 上

十一、十六．

台灣現代小說史研討會
Conference on the History of Modern Taiwan Fiction

麥穗兄：

謝謝你送我的大著《追夢》，我會細讀、珍藏。

這部書內容豐富，你的重要作品，俱在其中。卷前的照片，也極珍貴。戰亂時代，少小離家，你還擁有双親的照片，不像我，當時什麼也沒帶，母親的照片是離家四十二年後在老家找到的，父親的照片一直找不到，成為一生最大遺憾。到如今，我連父親的容貌也記不太清楚了。

王祿松是我幹校同學，我二期，他三期，洛夫一期。祿松才情橫溢，走了，十分可惜，實在走得太早。

你一九四六年的那張照片，是在照相館裏拍的吧？那年代，每家照相館都有畫幔，還有道具，畫面上的你在「打電話」，有意思極了。現在想想，還是那個時代好玩。敬請

文安

弟 尼洛 敬上
2005，12，24，

我現在苗栗「掛單」，要到明年暑假前才回溫哥華了。又及

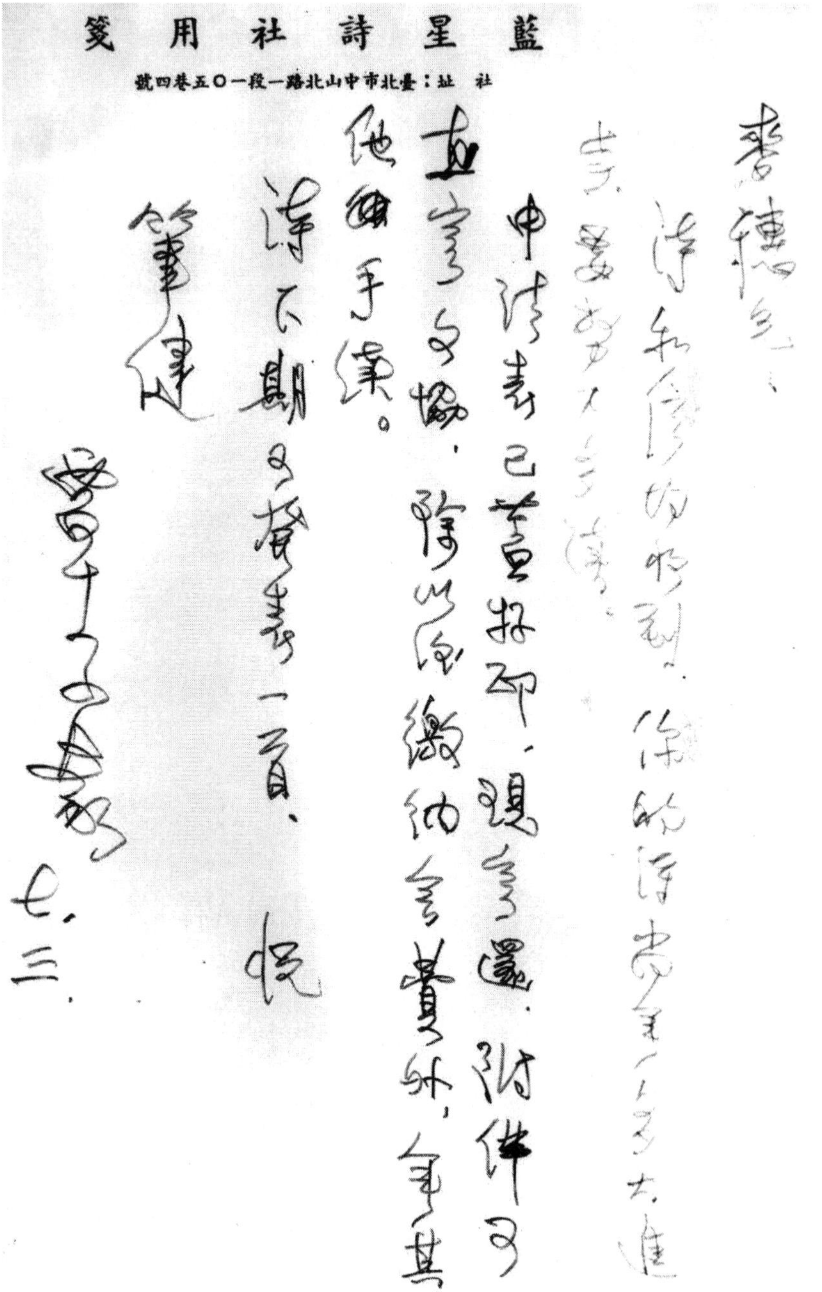

藍星詩社用箋

社址：臺北市中山北路一段一〇五巷四號

麥穗兄：

詩和信均收到。你的詩要拿下月大達

[illegible]

中詩書已在付印，退多還，附件及其

直寫文協，請以後繳納會費外，每其

他由手續。

詩下期發表一首。　悅

祝

筆健

覃子豪

七．三．

麥穗吾兄：

謝謝費心，利用舊紙鋪出書目資料，讓我自己的資料我已有存本，但是舊書收不周全。特別是收不錯雜誌部分，看你能紀中殘缺。如有閒出書紙，請奉上二、三冊供你指正。再謝

握手

張默
81年大年初五上

麦穗吾兄：

来翰敬悉。你我相交半世纪，虽天各一方，常常所见略同。多少年来，兄对新诗发展，秉笔直书，匡正不少错误报导，令人佩服！兄专函王景山更正，至谢！

关于兄出诗集，拟嘱弟写一介绍，可以兄命，届时请将诗稿寄来，弟将尽力为之。

蓝星五十年时，能否前来？尚在考虑之中。方今出门旅行殊多不便，台湾又值大选，只能看情形再定。

吾兄整理"诗页"目录，真是劳苦功高。诗页11期我的短文，为"李谆"、"编者"之名，请用一括弧，表明（夏菁）为是，後人可以不会弄错。拜托、拜托。专此奉复，并颂

文祺

弟 夏菁 手上

附表要改可以，请给向明兄看稿 又及

1312 Miramont Drive, Fort Collins, Colorado 80524, USA

2003.11.14

麥穗兄：

大作「荷池向晚」拜收，真是敬佩您的創作活力，相較之下，對於詩的事情，我真是汗顏極了，謝謝，並祝

文思泉湧

弟

向明 上

八十六、十、六

麥穗兄：

您好，非常謝謝您的來信，告訴我關於去太平山的情形，因本所預於四月初前往旅遊，欲承您惠告詳情，本所同仁決定改往阿里山。故一切就此作罷，但以後仍可能要去，到時候還得再請您幫忙。

上次墨人及徐小姐說要邀您和王牌等詩友來新竹玩，結果至今未來，我希望您們那天有空能一起來新竹一遊，其實由臺北來新竹，非常方便，坐金馬號車只要一個半小時就可以到，而班車每十分鐘就有一班，至台北西站搭車即可。

食品工業發展研究所

68. 7. 10,000

接你致陳若曦的信，大家的手都有同感，我同意文藝大會分組討論時，還有人特別請專家朗誦，有些學校也能學生跟念上台朗誦，我們個人的想法是希望陳若曦本人能的完結，不要以為有幾個人捧她，就不知天高地厚了。同時也請那些捧她的人反省一下，她們評斷一個人的價值標準是什麼？我們國內這些年的詩人和作家，都給人跟念，海外幾個叛徒，反而特別受到重視，是何緣故呢？還是也別有用心。讓她們自己去反省吧。好了，不多寫了，祝福你們　並

詩祺

弟　古丁　敬上　六十九年三月十日

麥穗老棣：

承寄大著荷池向晚詩集，已收到，並已拜讀，充滿詩之荷池向晚之一首，與前所讀詩人其詩作之個性與精神之訴求也。很具風骨之美處，仔細閱讀評之，特此致意，

即頌

時祺

鍾雷拜上　六三、十、四

麥穗兄：

寄上我這一張五年前的照片，給三月詩會詩選用。其他世界詩人大會的英譯詩，等上午和你通電話後再寄或明後天見面時面呈。

星期天上午1130時中正臺餐廳會面。

一年相處，編校詩選，吾兄之任事真誠，待人平和謙遜，誠然是有德君子之風，令人敬佩。

不一一。祝

大安

弟 曉村敬上

八十三年八月十六日晨

麥穗兄：

六月二十三日下午六點三十分，如果你有空的話，請來參加在台北市羅斯福路一段61號「天然臺湘菜館」，我兒子秉中為我訂妥的晚餐。

時間實在過得太快，一晃眼，我竟邁入八十大關，好在常能提筆為文，偶而唱唱小曲。

秉中說：「老爸這一生得很多貴人相助。」我說：「那你就擺設家宴，請這些位貴人相聚一堂，擺一擺龍門陣，話一話當年了。」我兒子說：「這是應該的。」

說來我這一生跌撞走來，不求名不謀私利，自覺得一世蕩為人的小小自得；這多半歸於我妻的容忍、照顧、治家及與人為善，另一半則是朋友們的扶持愛護。

如今，我得自《科學月刊》正式退休，同時，也又一次在「時空藝術會場」辦了一次詩友們共歡共樂的活動，實在也應當慶祝一下，鼓勵一下自己。我兒選了端陽的傍晚，恭請他爸的好友樂聚一堂，我頗感安慰。

請一定賞光。如實在不能來，盼能告知，以便訂席。
請不要帶禮物。並懇辭賀儀。

敬頌

暑安

辛鬱 敬邀

麥穗兄：

稿件寄上，尚有二人稿件在秦松處，

弟稿等另兩人稿到時一併寄上，閱完後

是否寄李如儀，請再向秦松聯絡！

即頌

好

弟 藍雲敬上

月廿六日

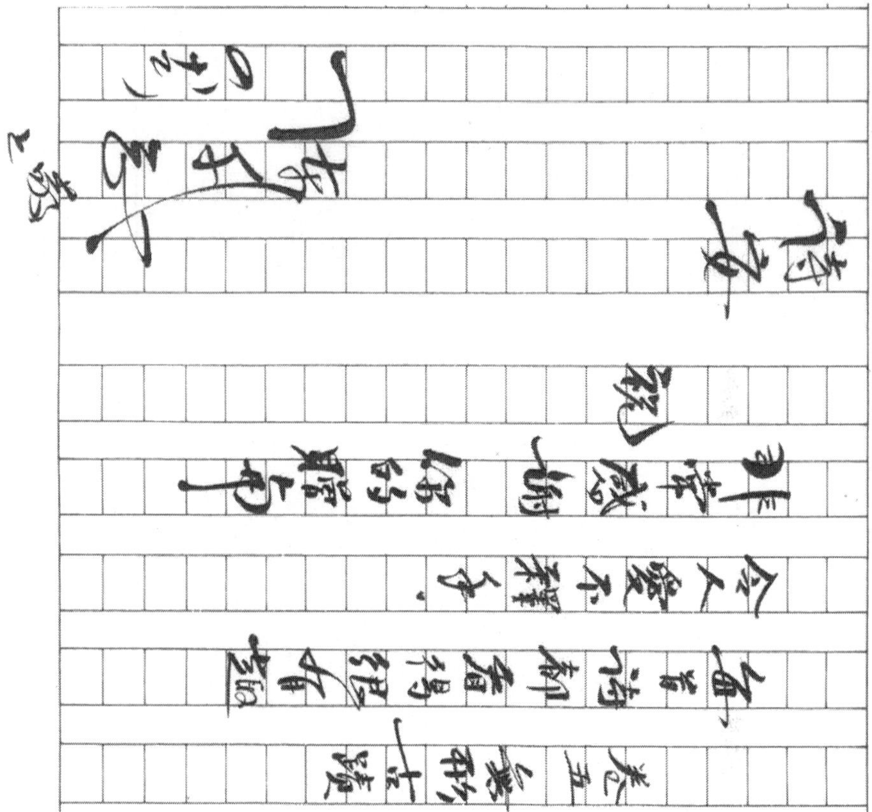

麥穗先生

謝謝你贈大作「孤峯」乙冊。

自然情緒的流露，充滿於

詩集的各個角落。

尤其，卷二都市生活

卷五無形古蹟

每首詩都看得很有趣

令人愛不釋手。

非常感謝你的贈帛

祝

詩安

陳千武 敬上

10.12

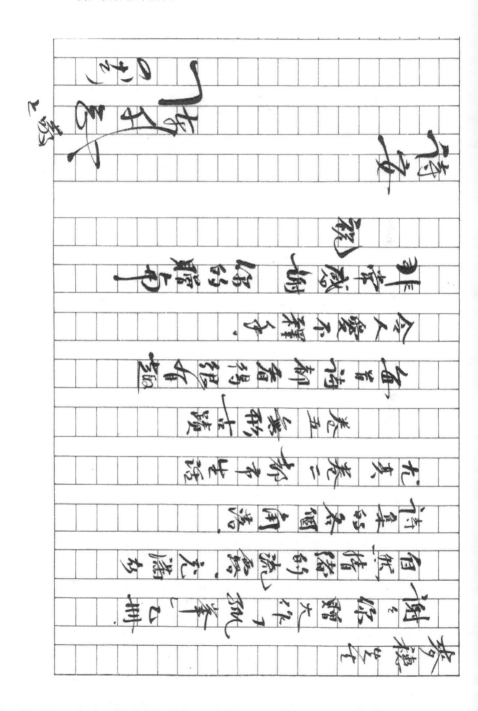

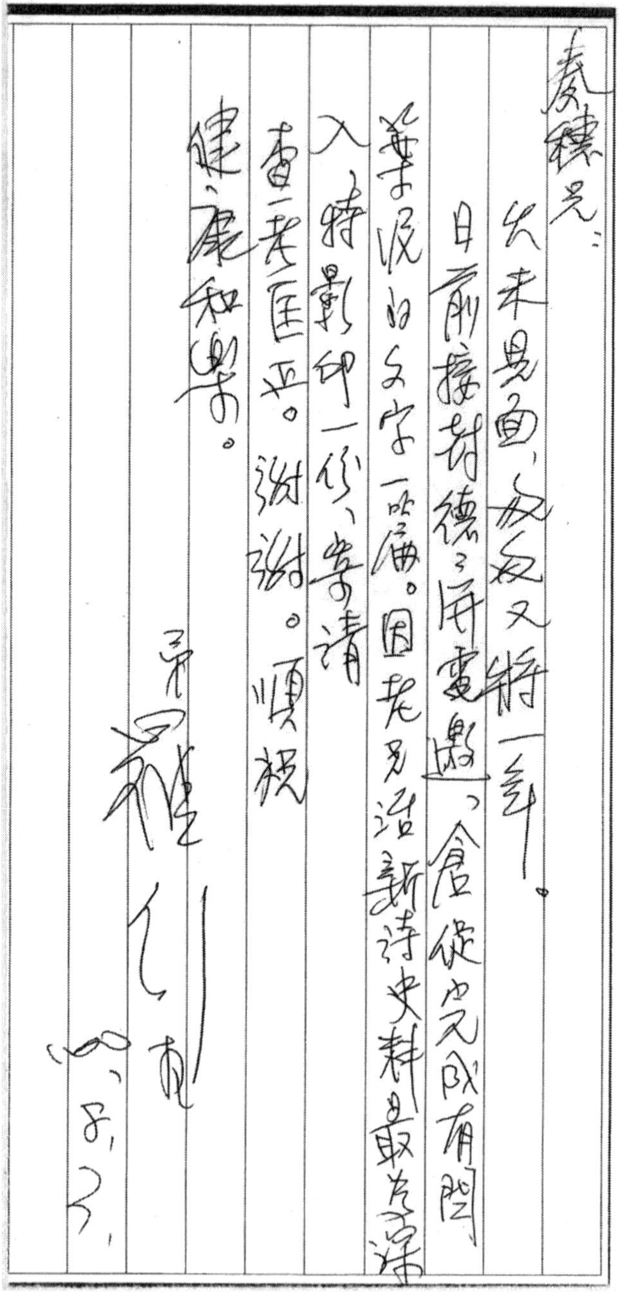

麥穗兄：

久未見面，念念。又將一封。

日前接封德屏電邀，命從完成有關

筆說的文字一冊。因老兄治新詩史料最為深

入，特影印一份，寄請

查一查匡正。謝謝。順祝

健康和樂。

弟 羅行 札

8、5、7、

我記得你的編了，見信封

麥穗兄

因赴大陸旅行，回來才見到您的

詩集，又因身體生病，歸來也未能馬上處理信件，

到今天才向您致謝，十分抱歉，

您的詩集《荷花的晚上》印得非常漂亮了，

除精裝插圖很好。詩已讀了一部分，

覺得十分精緻有味，有一種清越之氣，

您對自己在前言中說，曾從事山林工作二十餘

年，那您受到了山林的清氣，作了

詩的養分吧，不禁很羨慕您的事業，

告訴您，我也正停很悶氣，現也無聊上班。

很想到山林去住一段時間，做一些體力活

勝任的出版工作（例如照顧薔園之類）這一些自然是很合的生活。不知你有沒有地方可以介紹我去去。過兩天我再打電話給你面談討教。還有你那本《春林》必不錯，還有以前寫的，我也想一讀。

即此　祝

吟安

弟　[illegible]華　一九九三、十一、十七

我不是要去找個飯碗，但是想去做下來生活、工作、過過梭羅那樣的日子，像修行者那一些時，再過陶淵明那樣的日子。目前苦於覓得墾殖林場只有如此了，但沒人介紹。

麥穗：

在台北晚街上别後未見消息，不知李予已回去了否？為何不約一時間見見面？因彼此分散，見面机会頗不易。本期"詩訊"已出刊，收到了吧？進步了，油印有如此清晰精美，难能可贵，使我欣喜不已。"明天"在進步中茁壯，我們努力中成長，研究創作，不斷追求，我们永遠不滿足於今天的收獲，永遠開拓"明天"。我們是有前途的，有同感吧？

"明天"鉛印对外，我们要作慎重周[redacted]計劃。"不鳴則已，要一鳴驚人"。在当前文壇有所影响，有此把握後，我們再大胆向外發行，投下光輝的"照明彈"。

星期四下午望速約我赴朝凤一敘并去看完中，您能否？最好能来，六時半準時在朝凤見。

四月号"詩訊"是鉛印了，请筹備。稿件我即寄上。現在我们希望净稿多些，多出精刊。祝

吟安

杉中 3.13.

有机会我要去看嫂夫人，欢迎嗎？请代問好。

麥穗兄：

難得您对「苦苓」如此有興趣，據我所知，苦苓是一种樹，瘂弦有詩「苦苓林的一夜」，文學界的第三集有篇喚作「苦苓」，大概都能间接說明苦苓之為樹，至于苦苓是否苦楝，有人說是，有人說否，我也不知其詳。好在名字只是一种代號罷了，至於黃苓雖苦，却未曾聽說可以叫做苦苓的，想是誤会了。

至于我的名字中的「苓」，仍是一女孩的名字，樹也好草也好，一概無関，一笑。祝

好

弟
苦苓
71.9.29.

麥穗先生：

久聞令名，惜無緣識荊，近始聞知先生亦住新店，相去不遠，故於日前電話連絡，十分快慰！

茲奉上拙詩一冊，請指教。

烏來我常去泡湯，老街亦常徜徉，覺得風光佳好，近日陰雨連綿，天晴後再來拜訪。

即祝

詩祺

郭楓 2003, 11, 26

麥穗先生

接到信函，很感驚異，只是因為工作繁忙，未能即刻作覆，先向您致歉。

關於「綠杉」一詞，是我青年時候，看梵谷的畫集中，關於綠杉的題材相當多，因此腦中印象深刻。記得很早以前也有人來信問我綠杉的出處，當時也找了資料作答，祇是因為時間長遠，已忘記怎樣答覆了，現就影印梵谷畫集中關於綠杉的幾個部份給您參考。

同時感謝您的有心，奉上詩集兩冊，敬請指教

匆此 祝

好

白萩 廿晴

[illegible]七十八年

麥穗兄：

接信知吾兄通訊地址已有所變更，已登錄更正。可笑上弟的地址也早已改變，（見信封）吾兄來信是郵差誠投的。連電話的字头也改了兩個，現為7204980。這年头，一切的變化都大，但願那天不要真的連四名也改了，那才恐怖。祝

好

弟 向明 上 十、十六.

麥穗吾兄：大札敬悉。承于石先生幫忙，謝謝！
信封信紙即可寄上。這几天沒有到社中去，方便
先寄上。「現代文藝」由春一期起，增闢「詩專欄」，由
王岩兄任其事，渴誠歡迎吾兄賜稿，請寄：台中清水
郊區清水中學刘永讓收。前寄上的詩，最好的都留，
請轉刘永讓，供「現代文藝」備選。兩个〇〇的詩隨時寄你
「新書刊」用。軍中通訊，貼郵票二毛，前一角即可。
郵票不足，書可由我向社方「現文」經取送上。又：其中刘如
桓已是訂戶，詩很多，未卜可選，寄的「現文」一二份何如？二兄
本「新書刊」稿日內可刊出。專此，敬頌
台安
弟潘壽康敬上　六月廿九日

麥穗先生

非常謝謝您談我的書，而
且寫得那么深入，特別是對
《蛇的悲喜劇》這首詩的剖
析，您把我當初寫此詩
的悲哀全說了出來，歸人
先生亦曾在"文訊"談过
"蛇的悲喜劇"他說寫得
極佳，
沒有意義。

寫詩最快樂的是遇到知音。

您的詩，我平常讀得不多，但
經常讀到您寫的詩壇軼事，
讓人神往。

謝謝你送我《麥穗短詩選》
我喜歡你的〈鄉愁．熱淚〉，這
首詩或許較叫"刀削麵"
有了"鄉愁．熱淚"的題目，會
減少詩的感動。
"煙霧黃山"也是一首好詩。

另外奉上兩冊拙作及金之良
先生的《我向南逃》，希望你
會喜歡。

祝福

隱地敬上
91.8.19.

麥穗兄：您好：

收到大作《金門的曉色》，謝謝送書。已略略翻閱，讀了數首。感覺您有很多的鄉情和愛。但也有些寫得太滿了，如我喜歡的〈不像似〉，有些字是可以省略的，尤其最後一行可以不要。

我影印了〈蜘蛛說〉，準備在這期「重華」轉載。華印好了，再寄給您。您這首寫得比我們的整齊，值得寫篇文章談談。奈您繁忙，我實在什么都想做，但時間、能力都不允許。似乎您退休後寫了更多的作品，而且優秀有佳作，是令人羨慕和欽佩的。

祝福

弟 [illegible] 敬上

[illegible]

麥穗先生：

惠贈大作「山歌」及「滿山芳芎」，早已收到，非常感謝。遲至今日才回信，非常失禮。

年歲越老，越深刻体會維護自然生態的重要性，眼看大地繼續遭受嚴重破壞，更是憂心不已。

10年前我在自家二公頃田地種樹，已稍有樹蔭，你是林業專家，有空歡迎來走走，並作指導。

祝福。再次多謝。

吳晟

2010.10.12.

麥穗先生：

八月二十七日賜函，深感鼓舞。更感受到您的寬容、愛護。的確要如您所說：保持水準，百尺竿頭更進一步。

近几年阅讀风尚丕变，讀者的口味已很难测知，而传播的压力絲毫未減，这一年景氣衰降，營運艰困，副刊的定位与堅持更受到八方質疑；文章的屬性、長短、难易深浅，有时就像那老故事：到底是兒子要坐在馬上或老子坐在馬上？还是兩人都坐上去，或者都不坐？言人人殊。

去年冬天在馬來巧遇先生，頗感親切，為聯副寫文壇佚聞（或值得一記之事）之約幸勿忘卻。敬請

文安

晚陳義芝敬上
2001. 9. 1.

麥穗兄：

蒙囑寄上佳選（編詩選）——我有蓉子作品的同意書，我五首詩望能更換「觀海」、「窗」，一長一短均呈露生命存在的形而上與詩境。又「觀海」同佳選的「誰能買下那條天地線」也有內線接連。但願不麻煩佳選（最好「觀海」的後記同時用，更具效果）。

佳選編，一定是件艱苦的事，特此致意並盼一切順利如意，專此順祝

近好

蓉子附筆問好

羅門
1997
86　29/5

麥穗兄：

老友老友，我老您也老，精神老，体力老，久疏問候，彼此見諒是幸。

前次回台，到新店醫院看過曉村兄，那時他在加護病房，閉着眼睛不能言語，當時有太太在旁照顧。我回來後，便聽到他去世的消息，一連幾位了，好像在排隊。

給你寫信，是在補充前些時在世界日報發表的「中國翻譯之最」，已寫了古今十八位。忽然想到潘壽康先生，他翻譯過「世界文學名著辭典」，非常了不起。但對他的生平一無所知，記得和你談起過，特此向你請教，希望你代找找他的資料，很想能為他留下點什麼。謝謝。附潘先生在民國45年寫給我的信二件影印。敬頌

吟安

舒蘭敬上　〇八．十一．十一

李穗兄大鑒：

㈠ 寄贈的大作「振筆」已收到。非常感激。我已很久未和詩壇朋友聯繫。久仰先生大名，又蒙賜贈大作，真是幸事之至。

㈡ 其中「願殘」一首，很俏皮、有趣味性，也表現了對願殘「剪不斷、理還亂」的些許無奈。是首好詩。其它的將再利用時間細細拜讀。（「願殘」是隨手翻到的一首，其它大作容後再品嚐）。

㈢ 祝福

安

沙穗敬上

77 4

小白屋 現代詩/兒童詩 創作・欣賞

☆義務指導青少年・兒童寫作☆

麥穗：

「小蝴蝶」太好！很美！幼兒听了．一定很喜欢．類似昆虫花卉詩，盼灵感来時．多写幾首给我。五册已打排好了的稿．我決定抽出一首．請「小蝴蝶」登上去．而且也配了插圖．

去大陸訪問的日子已一天天地逼近．預祝旅途愉快．萬事如意．俯請多保重．注意健康！

薛林 82年10月11日

《荷池向晚》，詩美！画美！在我的心灵裡，是一席很美很美的响宴！謝謝賜宴．老友！麥穗。

薛林
台灣・新營七三〇九九
郵政信箱一四八號
電話：(〇六)六三二六六八六

第 頁

25×12=300

麥穗兄：

您寄來的大著「荷池向晚」已收到，謝謝！

我好喜歡它。寫詩太辛苦了，小詩是一

您的最愛，我也最愛小詩，但我很紀多起來

就沒了兄您的小詩影響，無氣再回這，

看來我又要跑將起來啦！一笑……

我另太十詩選了的神也快出爐了，正在找文[illegible]圖

公司出版……一言難盡。改日見面聊吧！

安祺

吟安

[illegible]上

九三、十、一七、

麥穗先生：

您編成「新詩週刊」目錄，係有史料，功德無量。弟整理里爾克紹介史，有關從前發表於新詩週刊的資料，苦於自己沒收集，今得此線索，欣喜何如！

不知可否勞煩影印下列資料擲下？寄上郵資如不夠，當另補寄。謝謝！

弟 魁賢 6/7

○24期：銀色的雪花
○56期：日本，秋
○57期：略談里爾克
○58期：里爾克詩選（二則）
○65期：里爾克書札選（一）
✓66期　〃　（二）
✓67期　〃　（三）

六十二年

麥穗兄：

來函收悉，謝謝您緣選拙作。

水牛、萬貌、木履、星的位置、獅子，都是早期作品。我最近也寫了不少，如八行詩就寫了六十一首，近期最近出版。八行詩中有不少作品被選入選集或譯成外文，如「藤」、「火」。「撿舊報紙的老婦」也是近作，被譯成日文在日本詩誌發表，今印影一份給您參考，如能一併選入則更好。

非馬的地址如下：

Willian Marr
737 Ridgeview Street
Dawner Grove, IL 60516
U.S.A.

再次謝謝。拙作「八行詩」已編印中，出版後將贈送一冊，請指教。

弟 岩上 敬白
1997.5.4

麥穗兄：

收到大作「孤峯」，極為欣喜。近日因到淡水受訓三天，今日回到家，才得空寫信致謝，並祝賀詩集之出版。雖然這些年投入較多時間從事散文工作，但熱愛詩依舊，現在在「華副」寫的「叮頭集」多刊詩，希望年底亦能完成出書。望不吝給予指正。

再謝贈書，並祝

詩安

弟 錫嘉 拜上

77.4.8.

抗戰文學研討會

抗戰五十週年紀念

抗戰文學研討會

文訊月刊雜誌社主辦

秀穗詩兄：

遵囑代譯小詩三首寄上，弟已很久不摸英文了，不免生疏，譯得不好，請諒。

弟家沒打字机，手寫了草，但願兄能看得懂！。

專此即頌

詩安

詩弟 張朗

敬啓

蘭亭惠風

No. 1

麥穗兄：

我　兄的為人、寫作精神、和好美的作品，都使弟至為欽佩。

謝々我　兄寄來大作「荷池向晚」詩集一本，已詳為拜讀，當妥為珍藏，因為它是寶，專此函謝，並祝

吟安！

弟 [signature] 拜上

民國82年11月16日

理想世界」、要請我　兄多加指教了。

(12×25)

華庭兄：

孤峰拜讀，近更慚愧之餘。

春天來了，很想找些真正近到山上

去學一學，我希望：要聽真聲。

祝福

吟安

弟 劉菲

04

1300

麥穗先生：

承寄大著，十分感謝。

因暑假到東歐去了一趟，未能即回，祈諒！

大著甚具參考與史料價值。猶記得當

您帶來新詩週到自立報時，我還在自立副刊。

如今舊書泛黃，而我已離開新聞界了。

葡萄園辦了一個研討會，我寫了一篇五〇年代

現代詩風潮的稿子，您的大著給了我相當

多的幫忙。

祝

大好

晚　向陽　拜　九八年九月

書魂兄：

多謝您惠賜大作《追夢》，書名以及封面的枯木寓意深遠，很有魅力。我會細嚼吟味。您把生活揉進詩裡，深入淺出，絕不掉書袋，不做「文字」的高空飛人，這是正確的。詩如其人！這「真」「真誠」存在詩中，實在是難能可貴的。詩應該是讓人擁抱的，不該拒人千里之外，而沾沾自喜，謂之「精神的貴族」，這是謬論！再一次謝謝您，如有空南下，請來寒舍一敘！

握手，即頌

闔家康樂，平安，詩思泉湧。

弟 葉笛上

2005.7.8

台南.

麥穗大哥

　　您好。

　　謝謝您的鼓勵，如果和您比起來，您以一生漫長的歲月勤力於讀詩、寫詩上，我其實是很慚愧的。

　　冬冷，願您保重。

祝

平安喜樂

晚

琹涵 上

97年1月23日

麥穗先生：

大函收悉，深受教益，專輯之編纂確有疏忽之處。容我將來函擇要刊登於下期《現代詩》上，以正視聽，可乎？

唯有數點尚須向先生說明。創刊號之「宣言」全文已見紀弦先生第一篇文章中，且下期林亨泰論文中又將全文引用，是故不擬於「文獻重刊」單元，請明察。

《現代詩》大事記擬要兼納其他三社之創刊，是可見此刊與環境之對應，尤其《藍星》創始成員有不少是現代詩遺軍，在《現代詩》停刊後才另起爐灶，自視為現代詩運動的繼續推動者。則登錄於表上似亦合理必要。

關於第二屆年會事，我會向前輩詩人查詢，再據實披露。

承蒙關注，無任感激。耑此 並頌

時祺

鴻鴻敬上

93.9.16.

麥穗兄：

大陸拜讀回信，瞭解很。有一件好像有關的事，就是詩法律的「格式問題」。

小詩法本身韻味欠缺。像「日本俳諧」那種淡淡的清新，詩詩的意味。一看，有絕不同於那些宣傳、抒情的白話詩，因此直解的所謂「現代詩」。

畢竟很，特別感謝，時候差不多這本書。也特別感謝您寄來拍的照片。

謝謝。

敬祝

[illegible]

[illegible] 敬上
83.10.20.

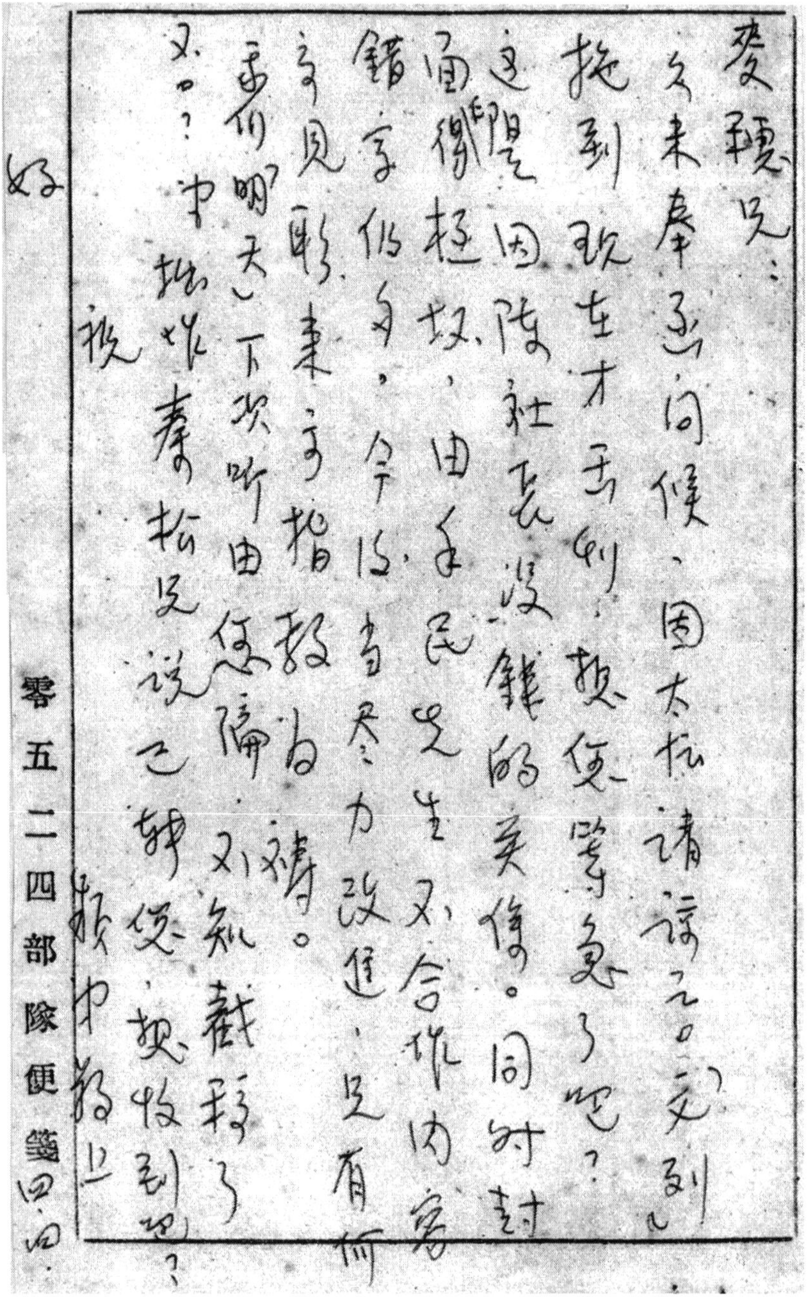

麥穗兄：

今來奉悉，問候，因太忙請諒。二日交到拖到現在才寄到，讓您等急了吧？這是因陸社長沒錢的關係。同時封面印得極壞，由手民先生不合作，內容錯字仍多。今後當盡力改進，兄有何意見，歡來函指教為禱。

我們明天下次所由何德倫又氣截稿了。

又如？中抄件奉拾兄說已轉寄，想收到吧？

祝

好

振中 弟上

四．四．

零五二四部隊便箋

臺灣省政府農林廳
林務局

麥穗兄：
本會聚會次日午后，不幸在
永和被車小撞一下，雖無大礙，活罪
難逃，其另論壇週年慶，乃已代表前
往，並徵得徐梅兄同意，代我會致送
花籃一隻，為劉菲兄做個人情，想大家
不會反對。
前讀洪兄「竹子」一文，頗有獲益，近日
草成「也談竹子」拙稿乙件，今奉上，
聊作狗尾續貂，不知可乎？祝
春安

弟 輝綠（蒂）敬上（頁） 八、十五、

(130×190公厘)

麥穗先生：

謝謝您寄來詩集和簡報。
我很早就收到了，但最近因為
辦公室搬家，忙得一團亂。這幾
日情況穩定，我才有心情寫信。
若非家父晚近動病在家，我時時得
趕回台中探望，其實我很想抽空
向先生討教，要請教二三事。
先前在網站看到您有關烏來發表的文章，我
就覺得甚為珍貴，相信您是最重要
的見証者。日後書寫烏來，必得從
先生的書字裡尋找蛛絲馬跡。
只是還得請您見諒，我最近還無法
上山。待家父穩定，我一定會跟您
聯絡，好好同聊一番。屆時，還望
您撥冗。

祝好

晚 [illegible] 敬 2005.12.20

我的电話 0932205304

拜讀大作之後，一時手癢，草擬了五首，計有
「初吻」「大霸尖山的月夜」「石像」「六十感賦」等，乞博一粲
最後那首「你我是同年」，六十載也有感觸，誠如贈信中
背鄉離井，懵懂裡過了六十，而將來又是懵懂。
另「少白球詩奇」係醉感慨之憤作，一併寄來，敬請
指教。值此歲暮

敬頌

新春快樂

闔府安康

弟

宋穎豪上

二月十五日

大海洋文藝雜誌社用箋

THE LARGE OCEAN POETRY QUARTERLY

地址：左營崇實新村 121 號
電話：(07)5835332

麥穗大師．同仁．先進有道：

中國海洋文學大系－廿世紀一三二位兩岸海外詩人海洋詩精品賞析精選集及大海洋詩雜誌六十五期出版，非常謝謝您的鼓勵和愛護。大海洋文藝詩雜誌近廿年中，獨擎創造海洋文學的大纛，那些艱苦、困頓、挫折、蹌踉的腳步中，我們咬牙、含淚挺進。只為了檢驗堅定理念－在中國近代史、地球村文化、生存條件的生活鏈中，我們的方向是正確而有意義的。非常感激您對我們的關心，關注關愛！更銘記您對本刊的賜稿、資助、愛心；因此，請您撥暇一定前來參加「中國海洋文學座談會」，這是我們的光榮，懇請您一定要來，不另電邀、祈諒，祝

健康吟安

朱學恕敬上 四月二日

麥穗先生：

感謝您的詩集「孤峯」。這是您的豐收季，真令人羡慕，

上次的創作茶會原想聽聽您和同好的高見，結果都因事匆匆而去，很感遺憾，

下期的創作月刊做您的專輯好嗎？請您提供生活照片和手跡給我，有空我親自去訪談，在漫長的藝文生涯中，您一定有許多寶貴的經驗，可作為新進作家學習。

隨時會與您保持聯絡，

詩安

曉寧敬上

4.11

華康先生：

大作「孤峯」早已收到，使我受益匪淺，至為感激。

您在詩壇上的貢獻與成就，早已令人欽仰與敬佩。您的詩，也是我們的模範作品，從您的每一字每一句裡，可以找到您思想的真摯與生活的熱誠，它是您自己理想的追尋，而且廣受大家所喜愛。今後，在寫作上，盼能繼續向您學習。

耑此即頌

吟安

1988.6.20.

李政乃上

通訊處：改為86巷2弄3號2樓

麥穗先生：

此次出國，一定很愉快吧？也一定有很多的收穫了。能每年出去一次更好。

我也將在廿五出國，約4月6日回來。「秋水」已編好校正好，就等我回來再看一次排編和做些雜事就可以付印了。

我手上最近3/4期刊的好多大陸的詩稿，我一個人實在沒能力負担那些來自八方的稿件，我已寄了一些給藍雲了，也寄一些給您，就請您分勞吧！也只有您和藍雲可以分勞，您也知道，其他同仁根本不行。就請您了，等下一次寄詩刊（6月都出版）再交給我好了。不急。只是不想壓太多就好了。謝謝您

祝 安好

（如以後一樣，能收就收，不能用，註明一下即可）　靜怡 80年3月20日 夜

麥穗先生：

大作〈滿山紫霧〉收到，謝謝。

將略事潤飾刊登。改

文安！

向明

十一、廿

76.12

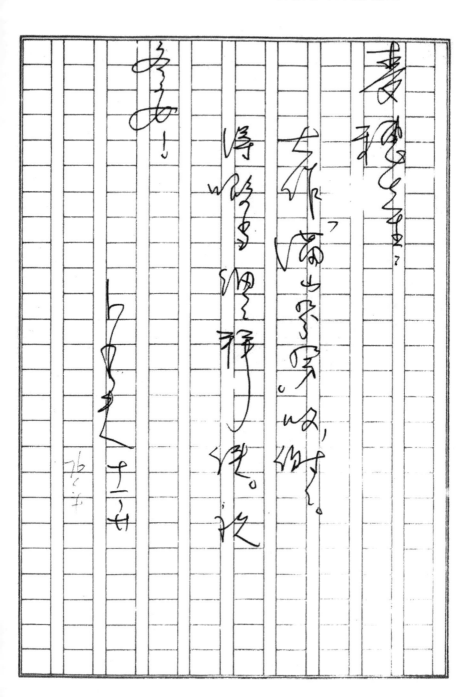

麥穗先生：

昨晴

之後還寄梅之之大名之信，謹已收妥。

無他大人，說明要作何事都茫然了。所以

今天只是先力而行，不敢再見之，麻煩朋友

做作何事了。笑了，太可惜了。

其次說科之附其要求全集之成

故不易之處，世態之之

其次有關科目何之內，有看

作之法以後說，其可實以後之改作！

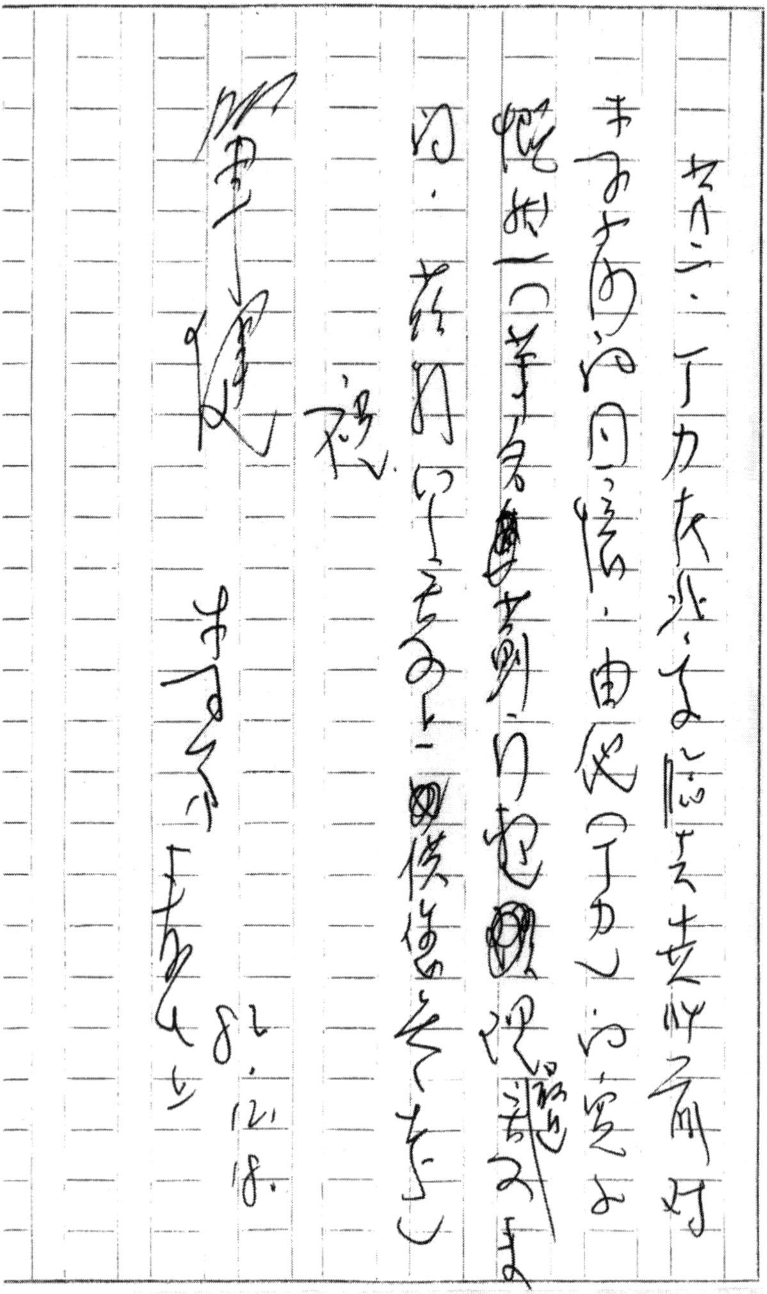

芳子：丁力在北京臨去世以前，對

本刊寄的回信，由他（丁力）的愛女

代抄一份寄來，[illegible]，請收

閱。[illegible]以其它[illegible]候佳作發表

禮

[illegible]

本刊[illegible]

81.10.18.

又及：「詩」、「宇宙的長河」，本期擬請刊，今天收到　兄來信，兄寄給　兄過目之後，可以的話就寄給「秋水」，我用毛筆寫的[illegible]，我覺得現「秋水」刊後的字，太象形化了！！　弟[illegible]又及

麥穗我兄：您的〈讀《瞎吟》〉，至喜，拜讀之後，滿足矣！

兄之謙謙，詩人雅德，為弟欽仰。

亦蒙回金主編，特別謝謝她，寄了二冊，還請兄撕下作品專頁，以作剪貼，真是兄得人心。

弟之作品，那些詩是今後人生的湖月相映，全於人之心的鏡象而已。承蒙　兄高雅的哲思，總算我道不孤也。

昨日發表於「[illegible]」一詩，其中有篇[illegible]為「創世紀」同仁，

我寄出信給主編又說接受。因我並非創世紀同

作，舊也好，非也好，在於能把心中蓄的情感寫
上，盡量求自然呈現，不作刻意的修飾，所以，我
不喜歡，顧及「創世紀」一些他們的自認是創世
紀之人的，反而會有搞美之嫌，所以我才
告訴詩友們，好或寫了就收了，老是的實際
、寄贈詩集惠寄二冊，是禮後讀，書香詩
寫得好，也敢大膽寫，因為我是誠意，對方是
真心。這就好了，所以佛家云云，嗡大發善心，才
植功德圓滿。本月下旬去台北，萬根冬訪他一般。
詩社為祝
寫了N
[illegible]
安安，十二、八、

台灣新生報稿紙

麥穗先生：

您好？前從惠寄回稿（[illegible]）[illegible]李弟惠信，迄今始[illegible]在這裡，並此聊表謝忱。

[illegible]，我想在[illegible]一[illegible]時代的潮流引導，[illegible]用難，刊出亦不易！更[illegible]，如果把全世界[illegible]大小國家民眾[illegible]來作一個"[illegible]"的競賽，[illegible]我們的"青[illegible]"[illegible]，[illegible]。我也知道[illegible]一個[illegible]的[illegible]，[illegible]也[illegible]事，[illegible]，[illegible]"[illegible]"[illegible]，[illegible]用心之苦，[illegible]。

先生，[illegible]您[illegible]"[illegible]"（[illegible]先生[illegible]，[illegible]上一個比"[illegible]"[illegible]）[illegible]，所以我[illegible]把這些[illegible]的[illegible]對您[illegible]"安全"[illegible]，[illegible]不保留[illegible]，[illegible]一向[illegible]我[illegible]的[illegible]，[illegible]。

聽[illegible]，[illegible]二十[illegible]，在文藝[illegible]，[illegible]自己，[illegible]"人比人"[illegible]，[illegible]如何[illegible]之？

[illegible]

佳安

劍霞 四.廿九.

唐劍霞—簡略

麥穗鄉兄大鑒：

收到大著「孤峯」，已經有很多天了，最近事情較忙，以致一直沒有寫回信給你，殊感歉疚！

這許多天裡，一有時暇，就翻閱大作，讀上幾首，頗使人有清新之感，也有濃濃的鄉土氣息。新詩、古典詩，都是文字的精練和濃縮而來，感人則一。

我很希望你抽暇多看一些古詩，能把新舊融通，來發揚傳統的文化精神。（這是我很誠懇的一些建議（當然，有許多做舊詩的詩人，堆砌、拼湊、生吞活剝的填塞上許多典故，把古典詩做成死詩，那不能算是會做詩，而且是糟蹋了古典詩）專此即頌

時綏

弟 陳漢山 拜啟 九月廿一日

中華民國中山學術文化基金會董事會用箋

華康鄉長兄：承
賜 尊著滿山芬菁，識屬仁者本旨，
年六極愛遊山，抗戰時期避軍山中，
更與山結不解之緣，故讀 大作，更深佩
感！專謝，并頌
春安

弟沈毅成謹啟 七七、三、三、

深圳市邮政
01—035号信箱
电话：2250808

黄河文化出版社

香港太古城第四
平台商场P—404
电话：5—699110

麥穗兄：这次再安相会，虽短，证实了我的
猜度——在拜读你诗文中印在心灵的形影——
人品和诗品之一致，心中產生了驕傲之情，驕
傲我有一位诚实而多才的兄弟！春节、四
川省文化厅厅長吾了福将带团访台，
他是一位作家，评论家，且是我的好友，我将託
他拜訪你，也望你给他帮助。
四川我得很好，明年去台参加了世界
诗人大会，我们一定挤出时间，聊個畅深
谈。你可否送一组短诗，翻译成英文，用
中，英文对照發表在《华人春秋》上，因于在
英国注册在伦敦出版，只有用中、英文。
向候诸友

雁翼
九三.十二.二

文学報　　Literature Press

麥穗詩兄：

從江南水鄉深處泛舟歸來，讀惠書，知已平安抵家，同時也收到全臧自本市寄來的尊著《孤峯》，喜甚喜甚！

此次滬上聚首，真詩緣也。惜時間太匆促。但願重聚有期，得以酬叙。

[illegible]文詩丈收到拙集后，有[illegible]。惜地址不清，附上一[illegible]信封。麻煩了！謝謝！

握手！

弟 [illegible]

一九九二．十一．廿八

中国作家协会

麦穗兄：

您好！大札早已拜悉，衷心感谢您於百忙之中赐复告知台湾报纸刊载散文的有关情况。在北京的许多诗友同痖弦先生都有联系，今后我如有散文，当直接寄痖弦先生，再次感谢尊兄的友情。

第十五届世界诗人大会，今夏将在台北召开，尚不知中国作协组团情况。我国去年出访一次，这次是否还能让我出去，则不得而知。我当尽力争取这次机会，同朋友们再度相聚，也会为我创作诗与散文的一次契机。

北京有何事，请随时赐告，欢迎拜会访，并望常赐教。顺问静怡等诸诗友好。

即颂

春安！

張同吾

1994.3.14.

飛天

麦穗诗兄：

先生七十诗不老，总能读出青葱诗意，羡慕之至。

《世界诗坛报》诗页每期见赠，窃想诗兄的心意，谢谢！

我已退休，无担一身轻，读点书，写点愿意写的东西，过得从来没有的欢适。

祝先生诗思永远年轻！

恭颂

撰祺

李云鹏

2005.12.12.兰州

中國新詩研究所
Chinese New Poetry Research Institute

麥穗先生：

　　好！

　　托古翰兄从北京带回之大著收到。谢谢。大陆之行，举行诗刊纪念活动，肯定有不少收获，只可惜我杂务缠身，未能成行。并且未到北京，下次抽一些时间为你写一篇随笔式之读后感，请笑纳。

　　我手头没有合适之刊物，不知能否在台湾找家刊物刊发一下？我写稿颇不如习惯，不留底稿，所以请妥善处理。

　　春节将至，祝春节愉快。

　　向涂静怡其他诗友问候！《秋水》收到，很喜欢，请转告她一下。

　　祝诗安文畅！

此致

蔣登科

94.1.2 于重庆北碚

天津工人報

尊敬的麥穗兄：

北京舉會，甚為激動。您給我的印象恰如藍雲先生對您的評價一樣：質樸敦實。可惜匆匆一見，不可能作傾心暢談。過去只是從《現代詩報》等報刊上讀到兄之大作，此次蒙贈詩集，才系統地拜讀了兄在詩作方面的精華。我以為，兄之三十餘年山林生活，構成了兄詩之靈魂。我特別喜愛"山景"輯中收入的那些絕唱，充滿了生命感和活力，凝聚了大自然雄渾的氣魄。可惜，大陸上看不到兄的其他詩集，至為遺憾。

今寄上旧作一首，請兄斧正之。

我對此詩作如下介紹：

在我坎坷二十餘年的生涯中，最後一個階段曾從事數年園林工作，在天津北郊立新園林場担任北方菓樹管理工人。寫此詩時正在冬剪季節。有一天夜裡失眠，联想到一生悲慘遭遇，靈感頓生。立即打開枕邊的手電筒，摸出枕邊的筆和小本子，連詞帶曲一氣呵成。第二天下工以後，在床頭稍作整理抄錄，就形成這首詩。為了抄錄方便，我沒抄錄曲譜。

在我被當作一件錯案予以糾正時（1978年），我已經47歲。這首詩可以說是我無端遭受迫害長達二十四年之久的不幸經歷的一種慨嘆。當然，這種詩歌是不會被發表的。其實這

天津工人報

首诗不僅是个人抒情，也抒發了所有與我類似遭遇的不幸者的心情。我在北影有一位從事音樂工作的朋友，讀了我的诗（歌）之後寫信告诉我，说非常喜爱這首歌，但是他说：他只唱了一遍，不敢再唱第二遍，因為他有心肌梗塞症，怕因激動而引發宿疾云云。當然，我在這首诗中抒發的心绪，兄等遠在海峡彼岸的诗人也許難以體會得到吧。

如果可能，希望兄帮我將此诗在適合的報刊上披露，這是小弟的心愿。

初次冒昧致函，不宜於涉及過多。不過，小弟對兄搞的三月诗會頗感興趣，我願意每月寄诗一首，參加你們的诗會活動，不知是否接纳我這個大陸會员？我亦即將退休，除在天津本地參予一點诗社活動外，甚想擴大自己的視野，飛越海峡，结識更多的诗友。

请代我向台灣诸诗友轉致問候。

謹頌

诗安！

天津　米斗 拜

1993.10.31.

黄河诗报编辑部

麦穗兄：好！

寄来的大著《孤峰》已收，已读过两遍，受益匪浅。读过诗集，你可否发现我的诗风和台湾的诗风有些相近。因为我过多关注台湾新诗的缘故。以后多加联系，请兄多予指点。

祝

好

桑恒昌

11.30.

麦穗先生：

您好！

大著《荷塘向晚》收到了，十分感谢您的馈赠。您是我的老前辈，我应当好好学习才对。您的大名我早已知道，我和我的同仁已拜读过多次了。

对于台湾诗史我有研究的计划。可惜近来年内我准备参加一项重要的考试。待我完成这项几年已有史料的任务之后，我一定仔细拜读先生的大著，并写出评论。

代问全体同仁好！新年万事如意！

建学敬上

12月6日

洛阳耐火材料厂党委宣传部

敬爱的杨华康先生：

收到您从台湾特意赠的诗集，非常感激。小报选发了诗一首，不成敬意。

秋水诗刊是我喜爱的台湾诗刊之一，前年和涂静怡女士有过书信往来，请代向她好。

这期小报发台湾人诗时，配发的图画作品是《秋水》，我想这也是我对先生和秋水诗刊敬意的一种表示吧。

不知何时再相见……

祝

清安

学生李雷

95.11.7于洛

麥穗先生臺鑒：

久仰大名，并早有叩謁之念，今日冒昧致函，還說見諒！并望從今往後能够長此得予先生鼓勵與教誨，萬望回音為荷！

雲鵬乃是一大陸詩壇後起之輩，雖才疏學淺，孤陋寡聞，不幸偏執著於詩藝。多年來幸得新加坡方然、原甸，臺灣瘦雲王牌、黃恒秋，香港王心果、譚帝森等同仁悉心關照，盡管建樹甚微，始多還是在詩創之精進中尋得許多照鑑。竊以為，同是炎黃子孫，不論是在天涯海角，彼此的血脈中涌動的是相同血液，彼此都擁有相同的思維模式。雲鵬不才，但希望通過不斷的作品交流，亦為促進世界文化人聯誼貢獻自身一份綿薄之力，衷望能得予先生的關懷和幫助。

呈上拙作，祈請斧正，若能有幸推薦發表，不勝感激。

即頌

撰安

雲鵬 1992.2.25. 敬上

中国・云南省魯甸文屏西路２１号　郵政編碼　657100

中南財經大學

麥穗兄：

奉上簡報一份。

有一事請托：不知能否幫忙找到一本"台灣文學經典研討會論文集"？或复印一份《聯合文學》1999年8月号陈芳明关于新文学史论述的文章？

先謝謝了。

祝

吟安！

古远清 8.27

1701522(95)3.001

拙文另在广西《出版广角》陆续刊登过。

古遠清

南京台港澳暨海外
华人文学研究会
地址：洪武北路10号　电话：402581

"麥穗"這個名字
多好的筆名
多簡潔的名字
——麥穗

這些糧食
可以做成麵包
可以製成油條、水餃
可以蒸成饅頭、包子
全世界，誰也離不開這串串"麥穗"

這些种子
只要一粒粒地播回土地
孕育出的苗兒　成長
便是串串麥穗的收成
金燦燦的麥子成把成把地堆着

麥穗，
筆下產生"糧食"
結集的詩句　滋潤人的心靈
播下的是"种子"
在人們的田園裏生根發芽
……

汪保生
1996.8.20於
南京

28. Aug 1993

麦穗先生：您好！ 第____頁

1. 不幸，寄我的77期《秋水》遺失了。使我缺了該期，又知上面有先生重要资料。請您收信后立即設法寄我。

你主持的同仁专刊 我十分喜欢。以后我写关于秋水同仁的评论会很有用的。請設法補寄。谢谢。

2. 你送我的诗，使我感激好。為報答感情 我细细阅读《孤峰》和《満山芬芳》準備写篇长文。那是今年二月。突然命运给我当头一棒，使我陷入为生存而斗争的四月—七月，刚从忙乱中醒来，又由大陸華国香港书号出版书籍，我的诗集又难產了，还少很多钱，一些国外诗人給了我帮助，我萬分感动和喜悦了很久。想念你和刘菲大兄，写信问候。静怡姐刚给她信。她眼睛手术是刚知道。祝福这位诗坛女神，一生平安。

真想重去北方见你们，但我缺少旅费。希望以后能在上海会读。

3. 較寄易去華一篇评我"秋水"上的评論，仅600字，望大姐能于"秋水"发表，以平重子读者之问。实在无法安排，请刘菲兄发于"诗叶"或副刊

拜托你了。

随时多联系

柳易冰

李德先生：

不久前接葡萄園詩社寄來一打印之信函，知道你和葡萄園諸詩友金秋之際來大陸黑龍江、瀋陽、北京、石家庄、洛陽、上海、杭州等地訪問，正是借機相叙友情的好機會，我原打算於十月初赴上海或杭州一會，誰知臨時又因一些瑣事終未成行，只好選寄此信，祝願你們此行圓滿、豐收、愉快。

你每次在秋水和葡萄園上發表的詩作和詩評都一一拜讀過，真為你的多產和精力充沛而感動。秋水和葡萄園在當代詩壇上力主健康明朗的詩風，方向是正確的，成績是顯著的。回想西安多次相叙的往事，歷歷如同昨日。再見不知更在何時，能不悵然？

昨接米斗兄自天津寄來一信，內有他照片一張，要我面交給你，或因私事多不開身，此次不能趕赴上海或杭州，就順便將他的照片亦夾在此信中，請查收。請便中向葡萄園文曉村社長代為致意，很想和他見面，這次未能就近趕赴上海或杭州一聚，實為憾事。並請向秋水涂靜怡及其他諸詩友致意

匆匆即問

近好

牟持培　九五年十月二日夜

麥穗先生、楊太太：你們好嗎？

好想你們。

我近日在醫院裡接受治療，時好時壞，總是沒有往好的方向發展，只是好痛苦。

聽張先生來信說，你們要來大陸，希望能寫信給旅行社人員商量事，在大陸需要需要做些什麼（比如許可證及聯絡人等）。

想到馬上又要見面了，心裡不知有多高興。真的。

這一年來我給的太少，望太太我陪讀，見面謝罪。

多寫信來啊

阿楊 敬上
8月22日

中国社会科学院文学研究所

麥穗兄：

您好，此次台灣之行特别感谢您的热情招待。您又是到机場、又是到机場送，我想親兄弟也不过如此，我和内子深深感到您的寬厚和真摯。遗憾的是，因时间紧迫没能到兄所住的居住之地高雄去享受一下那里的美景。我想一定会有机会再去的。好事不能一次做完，好景不能一下看完，留下未尽之意，更能增加想思。

大作《麥穗诗选》是第三校合红稿，本来应该付印了，但我想还是先看一下校样，作最后定稿，再印比较好。现请陈继彦和苏宜小姐帶去，兄可抓紧时间校对。校好后可以快件寄来。地址：北京市海淀区萬寿寺中学胡时珍收，邮编100081。我收到校样后十多天就能出书。我們于7月6日清晨顺利到家，没有什么麻烦，勿念。再次感谢兄的热情招待！

时珍向兄问安！

此致

敬安！

弟 健尧 敬上

95.7.22.

麥穗先生：

寄來報紙與照片收到，謝謝。

烏來記游之小文不知能否在報刊一角之地，請費神安排。

《文學評論概論》已收到，惜未見封底條形碼。我已將校對之書寄交封先生，請再製作2冊，書中附上後記，書之封底加上國際書號之條形碼。

盼著作能再出。祝

愉快

王常新拜 1995.12.3。

20×15=300

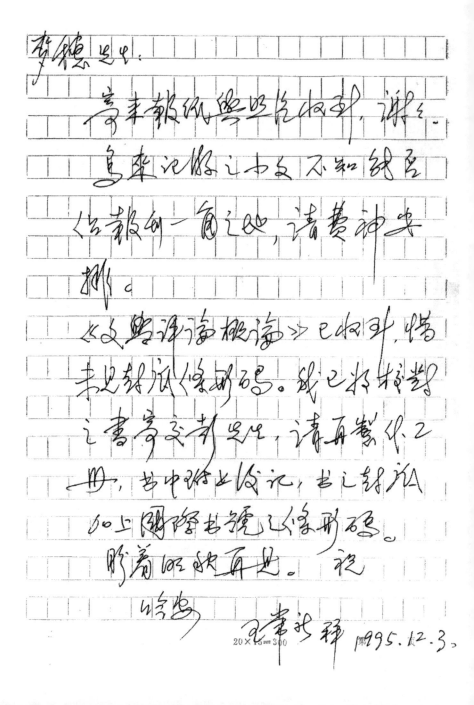

尊敬的麦穗先生：

您好吗？

这是一封迟发的信。

幸会于哈尔滨，相知于诗与真，写下一点印象发在《作家天地》上，刊物另寄。同时接先生的一篇有关台湾诗刊现况文。这仅仅是校样。

收到了先生的信及照片，永恒的纪念。诗使我们相逢相识，先生留给我太深太厚的印象，认识您真的令我高兴。

非常欢迎先生来辽宁来赤峰。我们这里是三燕故都，红山文化发源地的牛河梁就在赤峰境内。

期待再见面。

遥祝先生大安！

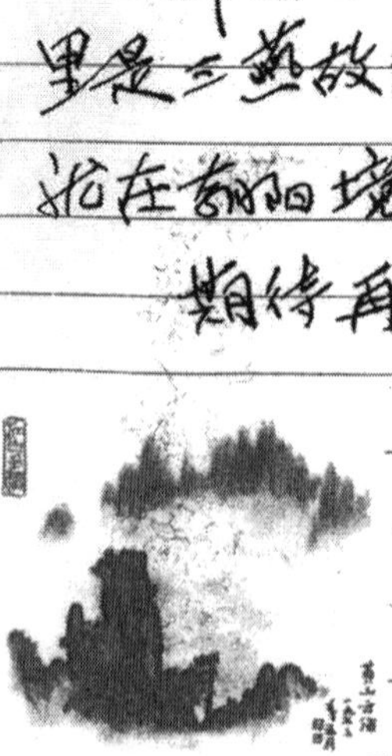

薛仁国姬

4.10.

華康兄：

您好！大著《談年 过年 迎新年》收到并讀过了。很好！不仅从中重温故乡农村生活许多趣事，也了解到不同地域的乡风民俗，增加了不少新知识。民俗研究是需要长期积累的，在这一领域，您不愧为专家学者。读这样的作品，有时比读诗更有意味。

我近来写作不多。受周边朋友影响，在研究和学写旧体诗词。

暑期大热，不宜出行。兄何时有暇再来石一聚？"岁月不饶人"，各位相知老友，都已逾古稀之年了！

专此奉复　即颂

吟祺

浪波

七月廿三日大暑

麦穗吾兄：

您好！谢谢寄来了《森林的心歌》，令人喜爱。看来您一生与森林结下了不解之缘，尽是不同时间的创作，但体现了您对生命的珍惜与对大自然的热爱。选了几首您近年的诗，推荐给济南的报刊了。

几时再访大陆？盼再见面。台湾也是我向往之处，待有机会时去看看。

代向涛子兄好！向嫂夫人安康

顺祝

寿安

地址：山东济南舜玉路40号　Add:No. 40 Shuenyu Road Jinan Shandong
电话：(0531)2867225　2867230　Tel:(0531)2867225　2867230
邮编：250002　P. c:250002

[illegible]
06.2.19

华康先生：您好！

　　新年好！

　　惠赠大著《谈年、过年、迎新年》收到，非常感谢！并祝贺您创作丰收！

　　好久未见到，非常怀念您！想您身体很好，阖府康乐！我身体很好，全家人都好！勿念。

　　我1941年2月6日（正月十一）出生于上海县（现上海市闵行区）陈行乡（现浦江镇），去年家乡动拆迁，我分到两室两厅一套住房，现已装修好，准备下月底迁入。新居地址是：上海闵行区浦东浦江镇浦雪路53弄景舒苑10村7号603室，邮政编码：201114 家中电话争取不变仍为(021)54808201 今后来信寄邮件请寄上述地址。到上述新居交通：上海人民广场乘地铁8号线到联航路出站，往西走一刻钟左右可到，也可去总站经西乘浦江一路三站下可到。欢迎您来沪时到我家新居叙谈。

　　请向台湾友人问好！

　　恭祝新年快乐！阖府康泰！创作再获丰收！

潘颂德敬上

2010年1月19日

　　附上名片，请收纳。

16 开书写文稿纸500格

一张。

第　頁

麥穗先生：

您好！

大札收閱，內情全知。感謝您將評拙詩的文稿刊發在"詩潮"、"詩刊"上。由于我至今還未見到樣刊，只好請林煥彰先生找一本寄我了。（是郵寄來了，還是編輯部直接寄了？詳情未知）。

至于評拙詩的評論集，目前已進入尾聲，收到海內外詩文60多篇，書名為"中原詩人——路作品百家談"，不知這個書名怎樣？還請先生指導。

近來大陸有西安文學几家報刊刊發了評拙詩的文章，湖南省文學院"文學風"(3)刊發了內蒙古文聯主席楊嘯的，"小詩界"(8)刊發了朱兆瑞的，武漢大學"今行"將刊發寧之龍的，北京"新詩風"將刊發柯原的等等。

今年詩友多，感謝在寫詩的路上，得到了您的

通过外公多师长和朋友们关心和支爱。再次向您表示感谢，若有机会见到秦岳先生，代我向他问好

敬（握）笔

遥祝

全家康乐

游子

仅，敬上

遼寧文學院

麦穗詩父：

哈尔滨短暂的相逢，已使我亲临了您高深的学识及优秀的为人，这将一生成我之榜样，令我每每想起而肃然起敬。

给您此信时，您正在北京访问，我想等您一回到台湾，便可读到这封信。

关于我主编《诗人别墅》这本刊物，计划变成季刊，现已开始向各地诗友邀稿，并组成了大陆诗人群，相信会一炮打响的。请您能在台湾替我邀稿，每人可寄三至五首诗，小传，照片，并请您百忙中写出有关这些人的集体诗印象，我将一并发表。这本诗刊将效仿《秋水》一半台湾，一半大陆。我努力使其变成公开刊物，在全国发行。谢谢您的友情。您可以在替我邀稿的同时，直接筛选，因为您是本刊当之无愧的编审。（最好台湾诗人有二十位以上）

我将珍存您送我的精致礼品，并热烈欢迎您再来大陆访问，

《诗人别墅》将在明年二至三月隆重创刊问世。

遼寧文學院

我已将您的问候转给了妻子李华纬、她非常感谢您、她也很希望她的诗得到您的评述、

另：

我于10月25日乘209次直快、和孟畅、董晓娇二位小姐同返沈阳、一路上、心情均很难过、总觉得相处的时间太短就分手、真令人依依不舍、

10月24日晚、在哈尔滨大酒店、阿樟请我和孟畅及潘虹莉、李英杰共进晚餐、又同去舞厅唱歌跳舞、玩得很开心、可惜您没在场、否则会更开心、

由于想说的话太多、又不知从哪着笔、只好等下封信再详述了，我这几天忙着整理关于给您及大姐李静怡的专访，并写十条简消息、着手组成《诗人别墅》专辑、工作量很大、我相信、这样有意义的工作会给大陆诗人们带来喜悦、

祝您的身体健康！

握手

丁瑛
93.10.26#
于沈阳

麥穗先生：

謝謝先生賜贈大作與秋水詩刊，展讀之餘，先生「峋嶙傲骨之姿」，令人佩服。弟在台灣研究期滿，明兒即將賦歸，等返國，還會細讀，先此致謝，並頌

暑安

弟 許世旭 上

1993.7.9

麥穗：

從秋水中欣悉　榮任葡萄園詩刊主編，真正負起詩刊的重責，以作家們的幫助，更見擴展文藝園地也，呼籲詩友惠稿，提倡兒童詩，執筆寫專欄於兄，今再開文藝專欄，實誠有心人也。

在西方又繼華語電視（每週二十時）節目中，看到國語歌音和表演，他們似乎不是純粹的中國風格，就

Thinking of you and wishing you happiness

at Christmas and throughout the new year

詩也要常修改，與現在不是寫詩詞，也缺乏藝術氣息。也許是成太多[illegible][illegible]之故，未知尊意何如？祝

編祺

黃思騁　1984之冬

NO.

麦穗吾兄

近好！日前曾多次來台北，因太忙而未能拜訪，祈諒。現經兩岸三地詩人協同努力，中外現代詩名家集萃已完成詩集逾二百部，台灣詩丛50家也可望如期推出。

在物欲揣流，次文化明目張胆代替了精緻文化的今天，詩坛遭到冷落，但不寂寞，許多詩人堅持創作，默默耕耘。為了不使佳作流失，以詩存史，三年來，我傾全力策划开展了這一詩学工程。此工程特点有二，一是大納，有比較才有鑒別，有比較才能溝通，有比較才見今日詩坛的全貌；一是自選，让詩人自己說話，让作品自己說話；一是中英对照，打破語言隔閡，中西双向交流。

工程是艰巨的，從策划到发行，都是詩人們自己出錢出力義务經营，尤其是各套丛书的主編們，大家都以負責任的態度去進行這一有意义的工作，現在，終于初見成果。這証明只要团結自垩，自力自強，詩坛是可以興旺的。

目前，我們在出版和翻译方面已有一定优势，將繼續以不牟利的方式為詩人們服务。我七月廿八日去台北參加台灣詩丛的出版发佈会，您如有這方面的需要可面洽。

餘言再叙，握手！

小弟 傅天虹 敬笔

二〇〇三．七．十八

聯絡电话（漫游手机台灣可打）002853-68396706

貴大著已出版，因印數不多（又要再版），你个人专书要增订，请及时寄之，好排排。

20x25=500

麥穗兄：

五月二日來信收到。寄上「同意書」。我的詩隨便選那首都可以，按編者的喜愛可也。

您那篇《登詩的長城》應該看過，祇是一九九五年十二月九日晚一場大火燒去我的倉，數千冊書及資料均被燒去，那篇大文亦在其中了。請兄影印寄來。出版此書時，當收進去。

《世界中國詩刊》已經停刊，並與「詩選」寄上，請賜正。

即頌

吟安

弟 藍海文 釋覺修

一九九七年五月八日

於香港

麥穗先生詩席：

幸會在台北有緣結識，那天畫展中與秦嶽等詩人蒞臨參觀，嘉賓把握相敘，至為喜悅。與君雖然初次見面，早年在國內常拜讀麥穗詩文多多，心儀已久。因個人性癖，適志鍊詩入畫，早早傾心彩繪情境，如今去國卅餘年，這次應台灣官方邀請展出，能以畫詩普遍國內友朋同好，欣慰不已。

平生自力苦學，堅守不渝，知所明有，未蒙妙行，皈依藝術，藝術教育着我，而投入藝術教育，多年在德奧兩國惟藝術活動別無參與，係以畫詩學子研知與共，生活知福而知足。

奉上近作小詩數首，請送回修念，盡心甚在鐵受着之論，良在作美於天地。連日維也納雪意喜趣，尤多是"乃海乃山"之思，至如"雪子"專此即頌

近綏

王舒 4.3.2004
於Wien

麥穗先生：

您好！

謝謝您轉寄來北京王景山教授的信条一份，這幾天內当直接給王教授去信，我於抗戰勝利後曾就讀於南京的中大附中，而王教授是先後校友呢！

去年原擬八月間來台參加世界詩人大会，怎奈外子突然得病，不便行動，需人照顧，當時情況緊張，実無法分身來台，失去與您及其它詩友会面的機会，着実可惜，可能是命中無緣參加盛会，註定要做一個孤寂的寫詩的人，希望將來还有機会與詩友們見面。

在秋水上，時拜讀到您的大作並看到您們大陸之旅的相片，好像我已認識您了。

祝

文祺

心笛上

3/23/95

秋水詩刊創刊十五週年紀念稿紙

麥穗詩友：

多謝你寄贈荷池向晚，分享你寫詩之樂，（我常分享別人寫詩之樂，多於自己寫詩）。

我們有過被詩歌班第一期同學之誼，只因有相同的愛好，那時候愛得相當狂熱，也許那時候比較年青。只是我一直丟不開身份太多的俗務，沒全心全意投入自己的愛好。數十年來像雲友偶然上台陪一陪末座而已，連跑龍套都未做到。

不過，我不是喜欢在台下欣賞別人的演出，而你平之實實的寫的詩風是我喜愛的一種詩体，不標新立異不求名利的原則亦是我最欣賞的。你對詩運的熱心投入更是我所欽佩的勇者。

寫了／請上遙遠的祝福

彭捷

第　張

一九九三，十一月廿四日。

秋水詩刊社　敬贈　社址：台北市郵政十四支五十七號信箱

無性繁殖戀歌

我
愛
你

我
愛
你你你你

我
愛愛愛
你你你你你你你你。。。。
哦親愛的
你別繁殖那麼快好不好

1997。3。9

麥穗兄：謝謝又又又來信。
附上詞一首。其中「愛」的[illegible]
[illegible]
[illegible]
[illegible]
[illegible]
[illegible]

祝
[illegible]

[illegible] 可以唱成[illegible]。非馬 上 97 3 24

麥穗鄉兄：

謝謝您寄贈的大作《山歌》，早已拜收，我都拖到今天才寫信向您致謝，殊對不起，請恕罪。

近年來，健康日漸惡化，身上已有三種惡疾——過敏性鼻炎、異常排氣、頸痛症卻難解——纏身，不但心又得了感冒，弄的心情都很差，昨日已有好轉，便趕快寫信向您致謝。

《山歌》不但編印得十分精美，內容也很豐實，由於過去讀過您很多作品，《山歌》雖只讀了少數幾篇，但從您本書加附「勘誤表」及自序中說「十年」看，您是十分重視和認真，有了這樣的心理，作品必然求好無疑，我會安下心來，好好的拜讀。

再謝，並祝

詩思泉湧

閤府吉祥

弟 允平 拜上 二月十七日

詩人王幻往來書簡

左起：王幻、謝輝煌、童佑華

王幻（左三）與詩友參觀蔡信昌（左四）畫展

1997 年 8 月在秀宛，王常新教授來參加三月詩會。
前排左起：莫野、晶晶、王幻、王常新、王碧儀、關雲。
後排左起：汪洋萍、藍雲、麥穗、文曉村、張朗、林恭祖、
一信、邱平、謝輝煌。（金筑攝影、麥穗提供）

社會文化經濟建設團體組織

世界社

發起成立民元前十年至六年

創辦人

張人傑(靜江) 吳敬恆(稚暉) 李煜瀛(石曾)

第 字 第 號 第 頁

幻白先生左右 承

賜五律 獎我殊不敢當無似

鮮白先生之獎我兩點々奇珍如

其人惜我秋畫之奇如資之寶藏

善人亦奇則所同也一笑擬用日字

奉和恨尚有待不知能先現否又

一笑復謝即頌

吟安同候

葉先生請 賜為亦復謝之謙 [illegible]

中華民國五十二年十月十九日夜

台北市……中華路一六二號二樓 電話……三三六八一

李石曾先生，党國元老，総统府資政，世界書局創办人，名書法家。

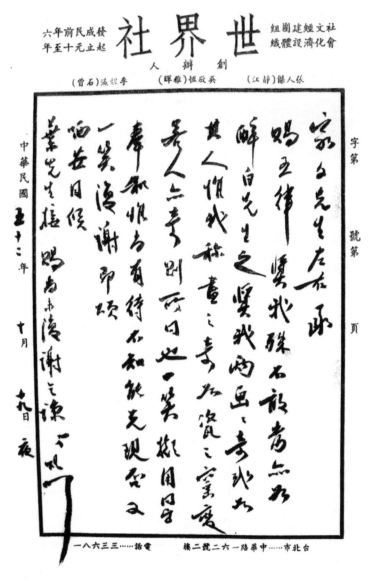

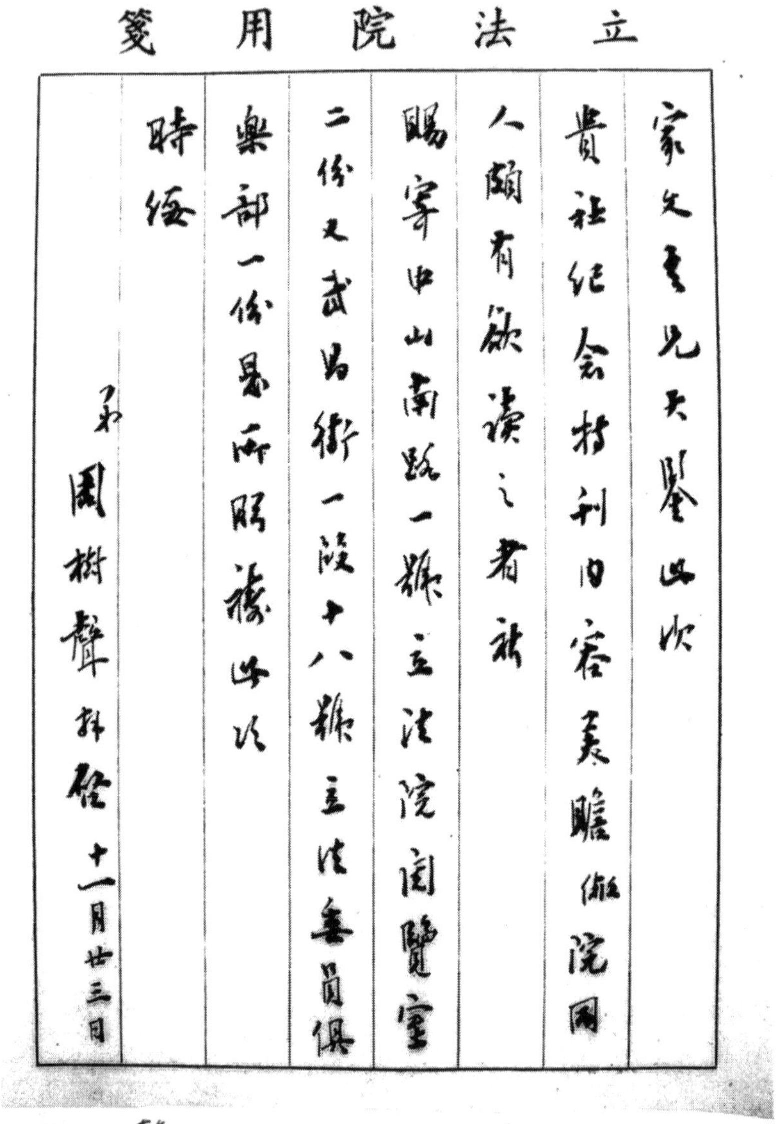
立法院用箋

家文吾兄大鑒：此次
貴社紀念特刊由容美瞻徵院同
人頗有欲讀之者，茲
賜寄中山南路一號立法院閱覽室
二份，又武昌街一段十八號立法委員俱
樂部一份，是所盼禱。此頌
時綏

弟 周樹聲 拜啟 十一月廿三日

周樹聲先生，資深立法委員，名書法家，曾任河南大學校長。

王幻先生著鑒：頃奉
惠贈尊作詩集「時光之旅」及「勇者畫像」二文均展悉辱承
獎飾雅意殷摯
盛情殊感特函申謝祇頌
文祺

郝柏村敬啓 八十二年八月卅日

伯春用箋

郝柏村先生，曾任國防部長，行政院長。

家文總幹事吾兄勛鑒：承
惠贈大作「晚吟樓詩文集」及「鄭板橋評傳」各一冊，均已拜讀，欽
遲不已，除珍存外，專此佈復申謝，並頌
春釐

張繼正　敬啓

六十六年元月廿六日
台66政函秘字第070號

繼正用箋

張繼正先生，曾任行政院秘書長

家丈先生左右：昨承惠贈大句，清新拜接，佩謝無似。惟墨可寶。大雅告者句中「最愛睡顏帶枕痕」，除本韻痕字外，餘六字只有顏字平聲，此在詩中謂之孤平，唐人及後世名家無犯此者，近體律絕以避之為佳，此後盡當意及之。

魚千里

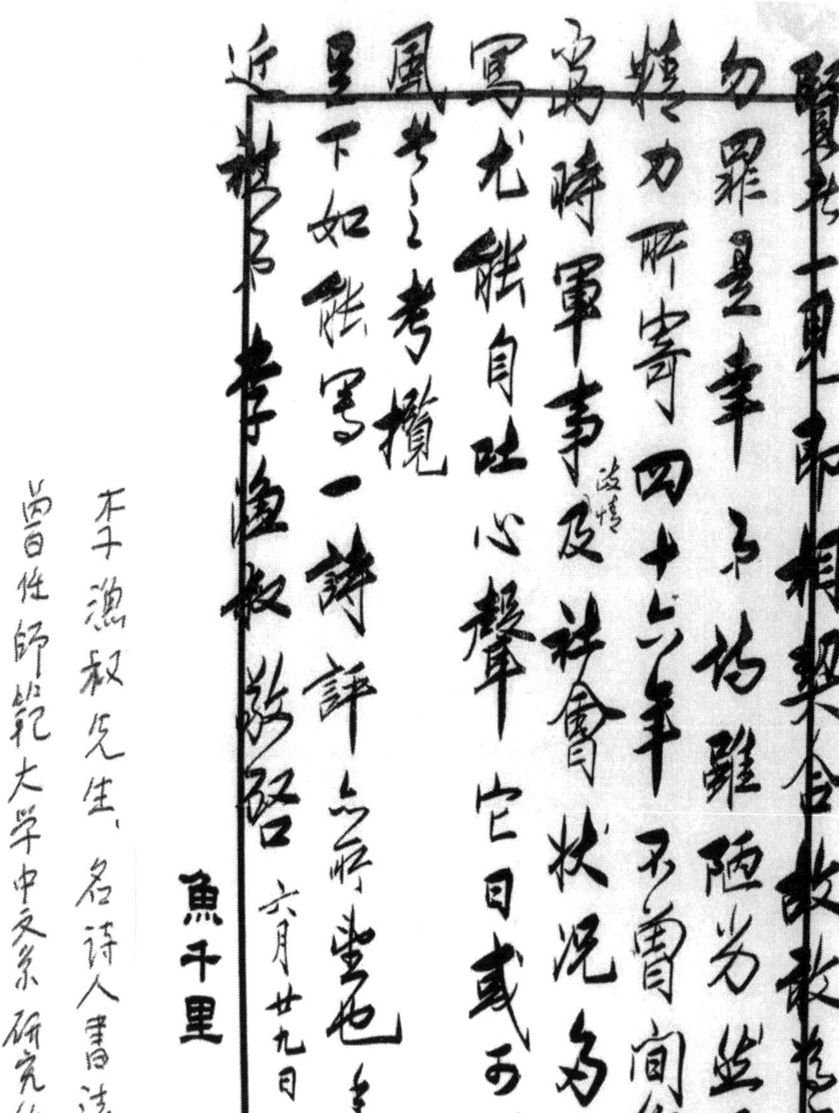

賢者一見即相契合，故敢為之言，
勿罪是幸。弟詩雖陋，然平生
精力所寄，四十七年不曾間斷，於
戰時軍事政情及社會狀況為主，描
寫尤能自吐心聲，它日或可供採
風者之考攬
呈下，如能寫一詩評，無任感盛　手此即頌
近祺　李漁叔敬啓　六月廿九日

魚千里

李漁叔先生，名詩人書法家，
曾任師範大學中文系研究所教授。

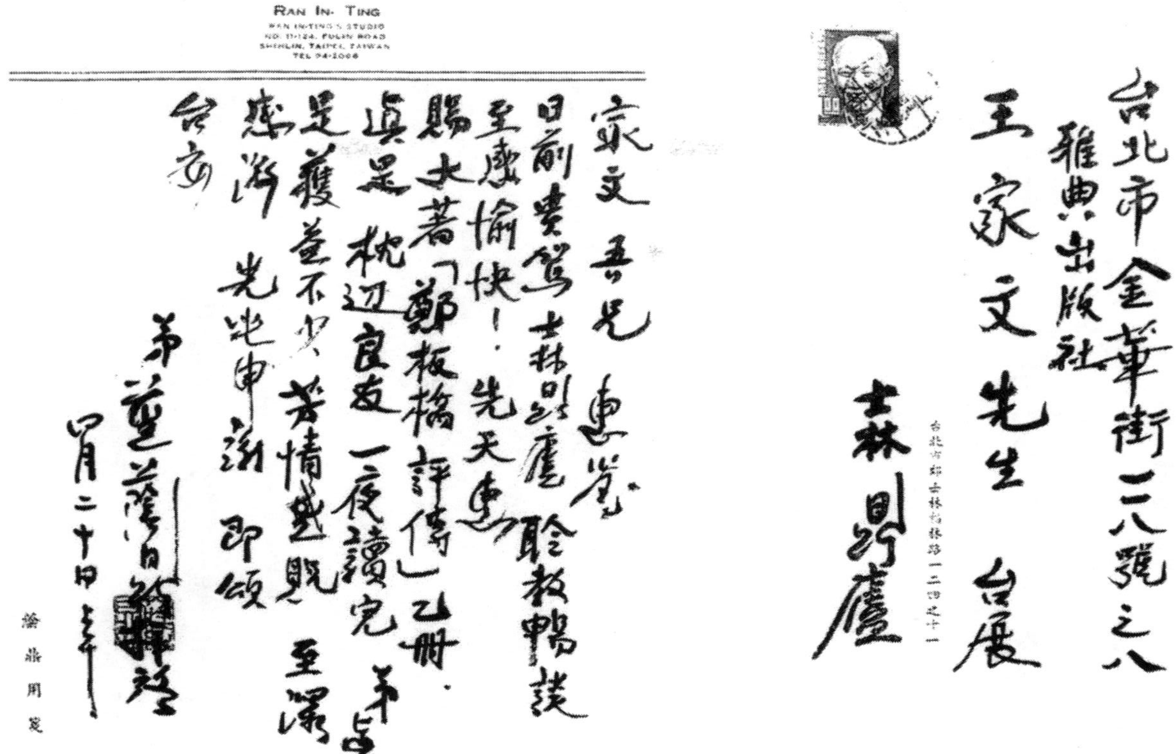
RAN IN- TING
RAN IN-TING'S STUDIO
NO. 11-124, FULIN ROAD
SHIHLIN, TAIPEI, TAIWAN
TEL 94-2066

家文吾兄惠鑒：
日前賁駕士林日昇廬，聆教暢談，
至感愉快！先天惠
賜大著「鄭板橋評傳」乙冊，
真是枕邊良友，一夜讀完，弟
真是獲益不少，盛情盛既，至深
感激，先此申謝，即頌
台安
弟藍蔭鼎
月二十日
藍蔭鼎用箋

台北市金華街一二八號之八
雅典出版社
王家文先生 台展
士林日昇廬
台北市郊士林福林路一二四之十一

世界十大水彩畫家，曾任中華電視公司董事長（藍蔭鼎先生）

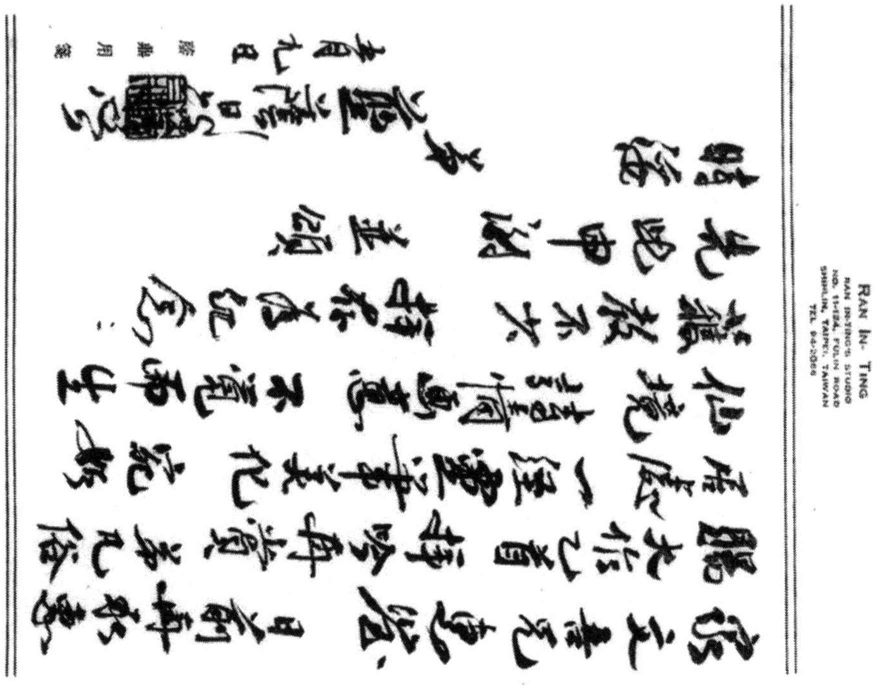

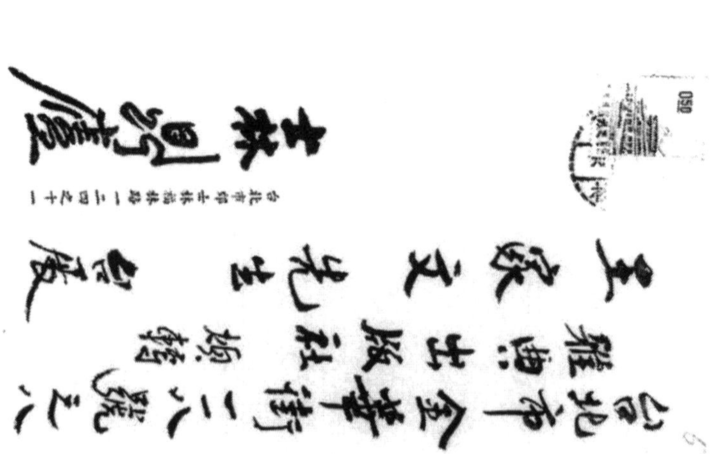

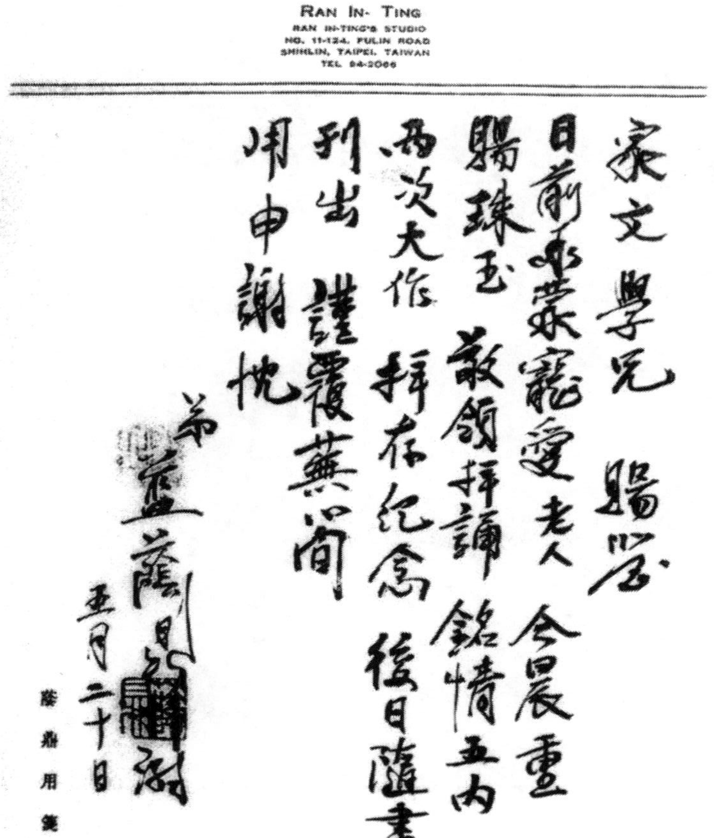

RAN IN- TING
RAN IN-TING'S STUDIO
NO. 11-124, FULIN ROAD
SHIHLIN, TAIPEI, TAIWAN
TEL 84-2066

家文學兄 賜鑒
日前承蒙寵愛 老人 今晨重
賜珠玉 敬領拜誦 銘情五內
兩次大作 拜存紀念 後日隨書
刊出 謹覆蕪簡
用申謝忱
弟 藍蔭鼎 五月二十日

蔭鼎用箋

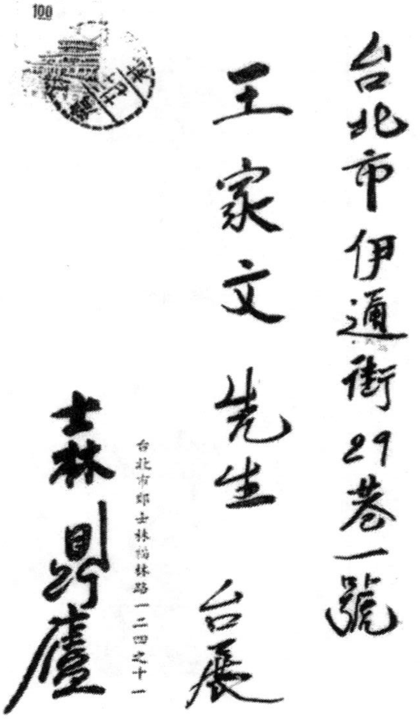

台北市伊通街29巷一號
王家文 先生 台展
台北市郊士林福林路一二四之十一
士林 鼎廬

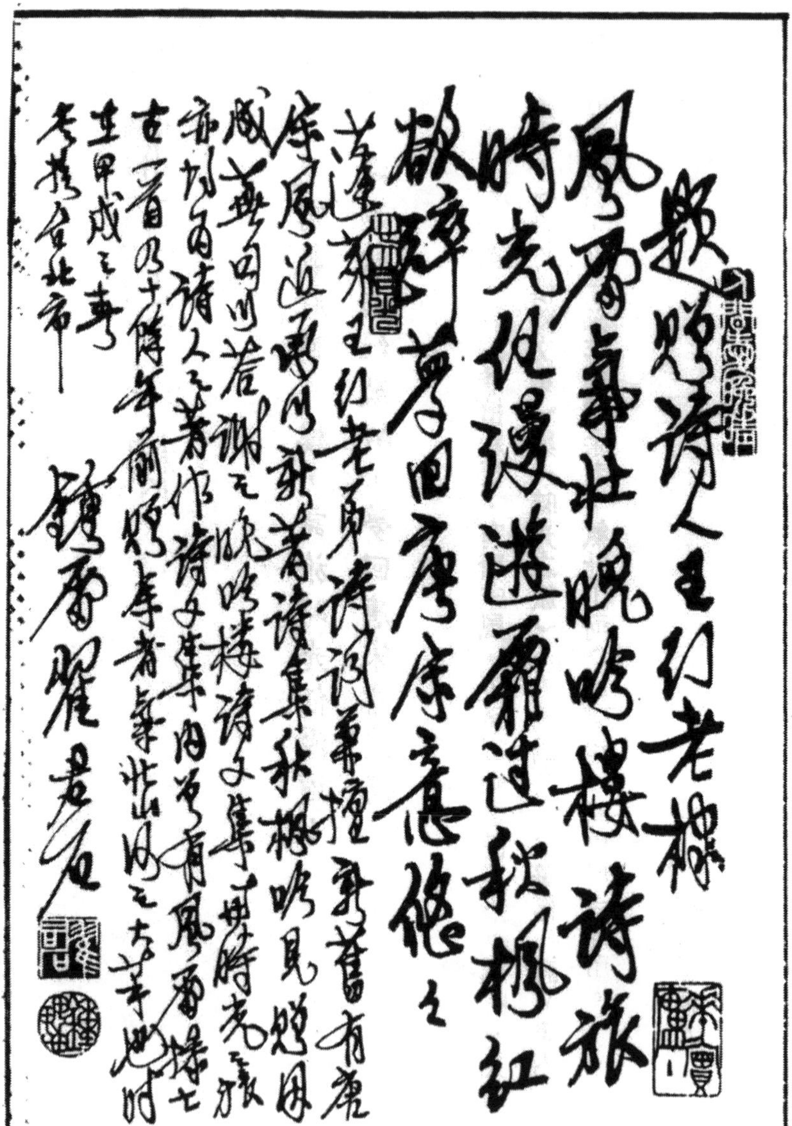

戚繼光史話 二

（1994 年 4 月 25 日世界論壇報副刊）

多謝朱樓倆的新居
然酬唱作詩人啟程
信史談何易自道樺
傳經是真白日當天之
夕年亦借玉溪言險能海竄
憂也來盆覺杯中好
傾蓋同消浮世應

家文先生閑園業公先生詞見
贈拔酬以謝蓋四疊此韻矣
乙丑正月廿六日高陽筆稿

高陽先生，名詩人小說家，曾任联合報主筆

幻公們

謝謝你的鼓勵。我們都老了，得不得獎好像也沒什麼關係，還是照顧自己的寫作要緊。你寫了那麼多詩，令我羨慕佩服。寫作比什麼都划算。「一管紫毫搓竹影，半方殘墨蝕鄉心」，真佳句也！

敬請

文安

弟 雪飛 上

1998，5，5.

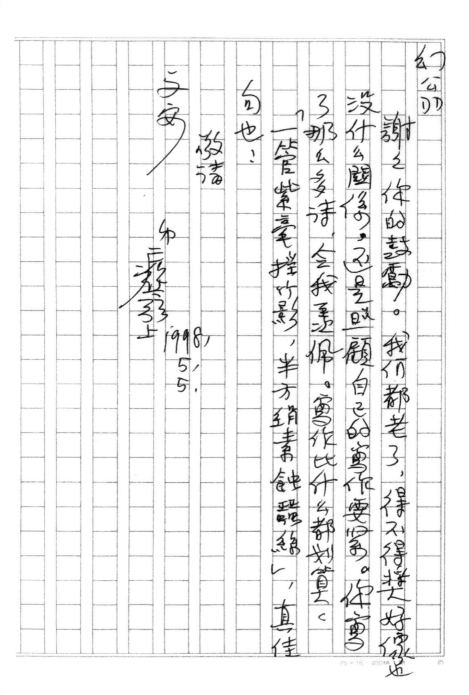

幻之老友：
敬悉 出版鄉土詩作品河南情懷詩選，
欣慰哉
貴報擴大宣傳為盛，敬友人生實我先生，
主編之鄉賢文集加以修訂詞書集成代售，
大筆一揮，甚為潤色，厥為世叢盛譜書稿，
謹此
釋廣元合十 一〇一、七、廿二
河南投讀過了，讚一個。

釋廣元法師，名書畫家，現任「嘉義縣書法學會理事長」及
淨律寺開山主持。

FUDAN UNIVERSITY 1905

復旦大學

上海市邯郸路220号 邮编:200433 电话:65642222(查询) 网址:http://www.fudan.edu.cn

王主編大鑒：

近好！惠寄的貴報業已收到，衷心感謝您和諸位編委老師的熱忱關照！我常和費碟兄通電話，我們想在明年春暖花開的季節有宝島之行，專程拜訪尊敬的王主編及諸位詩友。據說費碟兄已有信函致王主編，鄭重地談及之，諒已收悉。關於路費等等，均由我們自理。望王主編商量後撥冗賜覆。

今年是詩聖杜甫誕辰一三〇〇週年。茲寄呈詩《永遠的詩人》二首敬請查收，並祈惠正為感！

暫寫這些。專頌

文祺——！

葛乃福敬啟

二〇一二年七月十五日

葛乃福

葛乃福先生，詩人評論家，曾任復旦大學中文系教授。

復旦大學

地址:上海市邯郸路220号　邮编:200433　电话:65642222(查询)　网址://www.fudan.edu.cn

王主編大鑒：

近好！請代向諸位編委老師致候！

寄來的貴報貴詩壇均拜讀，感到佳作如林，頗為耐讀！寫一首好詩不容易，詩人們都懷大志，勤筆耕，朝之努力。我要好好向《世界詩壇》上的詩人們學習，更要向王主編暨諸位編委老師們學習！

寄呈詩二首，敬請查收，並祈斧正！其中第二首是我去年在夏威夷寫的，謹此說明。

暫寫這些。專頌

文祺——！

葛乃福
一二〇
7月十六日

詩人謝輝煌往來書簡

左起：謝輝煌、關雲、俊歌

2010年在真北平，從正前方最近向左順時針起：晶晶、關雲、陳福成、童佑華、一信、雪飛、蔡信昌、麥穗、謝輝煌、許世澤、潘皓、王幻、許運超

詩人也有聊不完的「八卦」

輝煌兄道席：拜讀本年九月十三日世界論壇版「世界詩壇」所載　大作「關於謝枋得的出身與詩歌」一文，對於　吾鄉先賢疊山先生的遺人遺事、多所闡述，無愧為　詩家以及讀書人。對人談史談詩、多、數典忘祖，流之久遠，以訛傳訛，以致真人真事，為之湮沒。吾　兄去一番考，此僅為疊山先生辯正，此聊為鄉邦先生歸璧，而素以治學之風。亦有多者，謹此誌念。祇頌

吟安

弟　鍾其文拜啟　八月十日

輝煌先生道鑒：六月二十四日
大函敬悉。 敝局增訂本辭海上冊865頁「吉星
文」條內，有關吉將軍殉難詳情。 敝局當詳
為查証後，予以更正。多承 閱注指正，專此道
謝。祇頌
道安

台灣中華書局

敬啟
六月二十六日

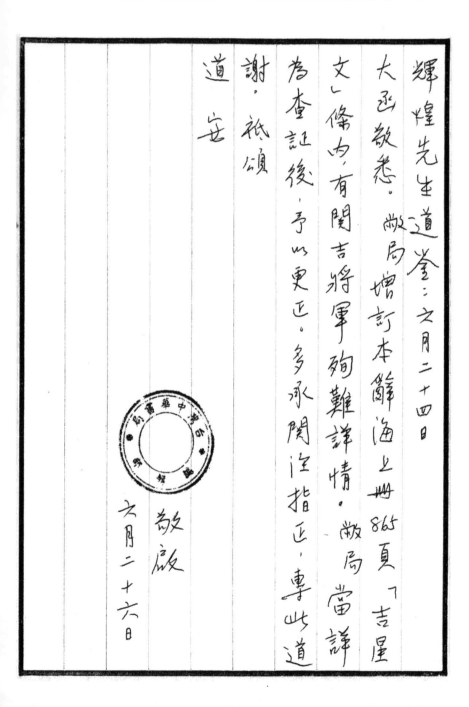

輝煌兄：

謝謝你的來信。我知道你對當前工商業有深切的體認。我只將你的意見反映到經濟部去，雖然無法確知我們將採納多少及實踐多少，但我們的反應是應該的，且有利於問題之解決的。

對於你的共鳴，我十分高興。

此致

時安

弟 于宗先 敬上

七、十一、廿九。

耀煌兄：

頃接來示，承蒙 惠予寶貴的指教，至表感謝。拜讀了附寄來給蘇紹連的網路郵件，對 您勇於主持公道的精神，由衷欽佩。關於此一事件，弟曾略有耳聞。不過，並未放在心上。因為不值得計較也。（如有人昧於良知，刻意抹煞或歪曲事實，與其計較徒增煩惱，不如一笑置之。何況事實畢竟是事實，文壇豈能一手遮天（？））而 您的「雞婆」，足證 您是非分明，不怕得罪人，正是 您的難能可貴，令人敬佩之處。

敬祝

撰安

弟 麥穗敬上 十一、七 （二○一二）

青年日報稿紙

姓名　　發稿日期　年　月

輝煌先生：

大札拜讀，您對八二三砲戰新片所見甚是，我將向有關方面反應，十分同意將軍觀點之評筆，我另寫書轉告，會可以公之實處。至於批評方面，我非新劇記者，尤其有關政策性的東西，不便妄自批評，謝謝。詩之討論另案再談。好

劉[illegible]謹啟

十月三日

台北市立動物園用箋

謝先生鈞鑒：

五月九日函詢及「孔雀有毒」乙事，敬覆如下：

(一)現存孔雀可略分為二類，即(1)印度藍孔雀(2)爪哇綠孔雀。前者之分布區遍及我國之雲貴、廣西及中南半島，應即古書所提之孔雀。此二者均無毒，且有人取以為食。

(二)有關古書提及孔雀之種種，「古今圖書集成」言之甚詳，鈞座如有興趣，或可參考研讀。(見鼎文書局出版之「古今圖書集成」第51冊「禽蟲典」第405頁起

台北市立動物園　謹啓

七十[illegible]年五月十六日

輝煌先生：

九月廿九來書，由詩文學會轉來。

尊著對詩的感受，甚佩。

半世紀詩話採錄，已作終結，待五萬餘條，分類纂述，並引事例，特加論評；予按以典故一首作詩的索引，約五十萬字。本冊已寫成多少的，檢此種大書，成本非輕，且相當冷門，非普通詩者詩集能人人購買，還有待付梓。

作撰《詩話甲編》，民國四十六年版，尚有一文一書論增廣說文。此書已絕版，市上買不到了。天一出版社或許還有影印本。宅的電話一二○一二八七三。

地址：台北市和平西路二段66號三樓。

匆复，即請

大安

弟 朱嘯秋

民七三、十一、二、

秋暉書屋

南京师范大学

辉燈诗兄：（朋友们的内容，写字也有错，请原谅）

今年1月17日惠书，早已奉悉，因一些小事小会加上小病，竟未能早日奉复，内疚良深。

台湾诗人如洛夫、痖弦、钟鼎文等能自由来留或行，泰国子帆晓马，但最大的原因当是脑子缺氧，静极思动！明兴兄封笔下海，未知收获几何？代问有何出息，鼎文、洛夫则已有[illegible]。

大陆之[illegible]编十家诗，不知兄指的是大陆何处出版，把"北山"弄错，岂止假冒伪劣，实际是[illegible]者[illegible]之讥，[illegible]，在当今之世不仅在政界在学界亦时时（晴）出现，可悲也乎？我的身体尚未大病，但[illegible]是王小之过矣，一年不如一年，年近90，只为而未毕[illegible]，南极编几本诗集，我的[illegible]一个中国的[illegible]，[illegible]子[illegible]一册，还有《[illegible]》一[illegible]

校址：南京市[illegible]

于[illegible]，请代向[illegible]

吴奔星 2002.2.24

國民大會全國聯誼會

④

輝煌先生：

中央副刊轉來　先生的長信，使我非常感動，關於國父紀念歌，原名總理紀念歌。當時，在小學生詩為騷體。陳鈞敘述了這一段經過，紀念歌非王陸一所作，是確定的了。但紀念歌為戴季陶先生所作，他們竟也找不出根據。國史館，黨史會，都尚未查得先生信，敘述先生對此問題已甚為注意。甚感先生的感慨是對的。當此奉復

祝

好

[illegible]

七五、九、二。

謝先生：大函及大作「漫談李白的靜夜思」敬悉。並已呈本館國小國語科教科用書編審委員會李主任委員鍌閱畢。李主任委員對台端之意見頗為嘉許，惟本人徵詢台端大作可否轉投本館通訊，敬請賜覆為謝。

耑此 順頌

時祺

中小學教科書組

蘇錦敏 敬上

83.10.8.

ALLEY 21, LANE 35
ROAD, SECTION 4
PEI, TAIWAN,
BLIC OF CHINA
7516565
7520822
AL DEPARTMENT
17083 5639508

企業家雜誌社
ENTREPRENEUR MAGAZINE PUBLICATION INC.

地址：中華民國臺灣省台北市仁愛路四段三十五巷二十一弄一號二樓
電話：(〇二)七五一六五六五
　　　　　七五二〇八二二
編輯部電話：(〇二)五六一七〇八三
　　　　　　　　五六三九五〇八

輝煌兄如見：

拜讀101期葡萄園詩刊中，我兄寫的那篇「側記」，寫得太好了。

「側記」，這種文章可真難寫，如果文學基礎不好，如果詩（指新詩）文（指散文）不好，寫出來的側記，一定平淡極了。

我兄寫的這篇「側記」，寫得太好了，由此，當可看出我兄在文學上的實力。

輝煌兄！您不會笑我的看法吧。

專此 祝

嫂兄及合府好！

弟 [illegible] 拜上

77.4.24.

葉紅專用信箋
台北縣231新店市達觀路14巷 5 號之 2 16樓
TEL：(02)2213-5528 FAX：(02)22137201

日期：1999 年 03 月 09 日

謝前輩鈞鑒：

收到您特地寄來的「金門日報副刊」，心中有無限的溫暖與說不完的感激。除了恭喜您的評論已順利發表外，再次謝謝您在百忙之中對拙作的指教。

敬祝

撰安

晚 葉紅 敬上

中國文藝協會
CHINESE WRITERS' & ARTISTS' ASSOCIATION
107
9TH FLOOR, 277
[illegible]SEVELT AVENUE, SEC. 3
TAIPEI, TAIWAN
REPUBLIC OF CHINA
TEL. 3218684
[illegible]. BOX: TAIPEI 84~893
107
中華民國台北市
羅斯福路三段二七七號九樓
電話：三二一八六八四
郵箱：台北八四～八九三

輝煌老棣：

大稿及大作收到，謹讀之下，正深感謝欽佩。老弟以[illegible]之筆，對詩一行道精[illegible]，而分析透闢之處，令我之所欲言而未言，且僅得其[illegible]心，且亦[illegible]謝語而之[illegible]，輝一而出，感何如之。今日上午去一次會議中，也將大作面交文曉村老弟[illegible]，[illegible]信文路去述[illegible]及，[illegible]作[illegible]之[illegible]真。[illegible]則本我的[illegible]所有[illegible]，[illegible]曉村[illegible]，[illegible]我一[illegible]，[illegible]輝為[illegible]！

當[illegible]

時祺

[illegible]拜

[illegible]廿七

敬答 谢老

云外瑤章豫郡來
騷壇评点我慚哉
平生未得观滄海
书卷~~微微~~长疏智欠開

「憶往」 敬寄谢老祈斧正

湘水东流曲岸边
鎮頭古寺寄华年
課余喜看江天景
万叠銀涛百里连。

(330002)
江西南昌站前路27號

輝煌诗长：您工作忙？

自江西诗刊登出诗评，其中看到有您对我随句的点评，我胸中喟然有志，象我这样在诗坛上不足起眼的陪客居然能引起名家的青睐~~而引起共鸣~~且予以殷殷解。我衷谢您的关切和鼓勉。本当早飞函致谢，只以字太差羞於出手，延至今方作书。

特

祝新春康樂，万事如意！

程香凝敬礼
1996.2.13. 南昌

輝煌兄：

見字如晤。新春好。

兄的來信早已收到了。兄對小弟拙著的評論也讀到了。過獎過獎。在《金門日報》上發的評包括重慶人。4月初我去了重慶，順便回老家掃墓，便于找到了有關材料。重慶解放碑高27点5米，直徑6米，為一8面体建築物。"高"是指從基腳到頂部尖頂的最高尺寸。

島內的文学活動是否很活躍呢？若有可能，問候向明兄、蓉子兄。

祝寫作快樂，進步

撰安　星星詩刊

四川成都市 610012
紅星路二段85号

弟 劉濱 于成都
1998.4.10

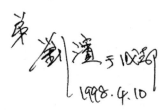

麥煌先生：

您好！

大札及大作收到多日，只因今年太多事，疏于书信，延至今日才回复，深感不安。许多朋友的信都没有回，实在是一种心理负担。

《麦穗》诗刊及您的文章，已读过，认为写得很好，没有什么异味，是说的想法。只是觉得旧体诗与新体诗是两种不同的体式，很难从形式上来“融合”。所谓的旧诗的嫁接，主要应为了那些古典的元素，即对旧诗美的因素的吸收与转化。不知先生以为然否？

我是四川川南人，对陕甘交界处的那个地方，也未可知。只有以后有机会实地考察才可知。如果哪一天得知，当据实以告。

也好经回去家来看看。如果您有兴趣，我们可以一起到那里去做实地考察，当别有一番风味。

祝

诗安

邹建军
1997.7.1

浙江西子賓館
ZHEJIANG XIZI HOTEL

輝煌詩兄大鑒：

京中能有一晤，詩"情"之外，更有"宗"情，實是歡喜不盡。得手示，並照片十二張，已陸續直接或間接送至各位手中。在分送時，我均在背面注明"謝輝煌贈×××"，想來他們都會感謝你的。

我幼年離家，家鄉話都不能說了。謝姓在閩，不算多。但冰心先生也是"同宗"，我們也認了宗。她在送給我的照片中題字："謝冕同宗"。不知台灣姓謝的多不多？

目前讀《乾坤》第三期，見到你的文章，即寫信給墨人先生索要該刊一、二期。該期其中談論新、舊詩問題，我頗有同感，也願發表一些意見。隨即寄上一篇大陸的芻議，請墨人先生指教。

盼能再見到你，在台灣，或在大陸。

順頌

秋安！

謝冕 1997.9.8

谢辉煌先生您好：

您的来信早已收到，按您的旨意照片已交到本人手中，她们都很高兴能与您老先生同合影留念，让我转达对您的谢意。

盘锦之行匆匆而过，我们相聚也很短暂，但您却给我们留下深刻的印象，您的音容笑貌一直让我们不能忘记。您的真诚，您的直言，您的才华更使人崇佩。您的来信我已经给贵宾酒楼的老板看了，他们很受感动，难得的帮助、指点，是用金钱也买不到的，再此，我衷心的道一声，谢谢您。希望日后再与您相聚在盘锦。请您常来信。

祝願：全家愉快！您老身体健康！

耿淑芝

1997.9.30

輝煌兄：

您好！

謝謝您惠賜大作支持本刊，現欲將稿費寄奉，以表謝忱。惟我們尚未知悉 您姓名的英文拼法，希望您能儘速賜告，以便本刊儘速將匯票寄上。匆祝

時安

詩雙月刊

王偉明

謹啟

一九九八年九月三十日

詩雙月刊
Shi Bi-Monthly

香港西營盤郵箱50431號 P. O. Box 50431, Sai Ying Pun Post Office, Hong Kong.

輝煌先生大鑒：上（八十七）年十二月廿八日

中華民國八十八年一月十二日
外(88)北美三字第 8720014420 號

大函，敬譒乙是。　台端所詢聯合報副刊中引述聖勞倫斯河「千島湖」詩文地理考據事，經查證後「千島湖」應係「千島」(Thousand Islands)之誤稱，該名源自加拿大安大略省聖勞倫斯河注入安大略湖，在靠近京士頓(Kingston)附近因佈滿許多大小島嶼，約有上千個之多，該處爰被稱為「千島」，另「千島」所在之安大略湖，確屬美加交界之處。　台端鑽研精神令人感佩，併此致意。順頌

春祺

弟　沈呂巡　敬啟　八十八年一月十二日

外交部

輝煌兄：

寒山子詩，不僅「大有意思」，亦且令人明「見世間人，茫茫走路塵」之根由者何？謹依所需，隨函奉上壹冊；儻需相關研究書目，可隨時示知，當為開出也。又，與其浪逐文字，不如研閱佛典；若有所需，當為辦備也。耑此奉聞，并頌

道安 民國捌拾柒年陸月貳拾貳日

臺灣商務印書館

輝煌先生大鑒：

本(98)年8月14日大函敬悉。承蒙 先生惠告有關《中國人名大辭典》中之「章傑」先生資料，將於修訂再版時更正。

先生閱覽豐富，查考詳盡，值得敬佩。本館同仁敬謹表示感謝與敬佩之意。今後並請繼續不吝賜教。

敬祝

文安

台灣商務印書館

總編輯 方鵬程 敬啟

98.8.24

地址：10046 台北市重慶南路一段三十七號
電話：(02)2371-3712　傳真：(02)2371-0274
讀者服務專線：0800056196
郵撥：0000165-1
網路書店：www.cptw.com.tw
E-mail：cptw@cptw.com.tw
網址：www.cptw.com.tw

臺灣商務印書館

輝煌先生惠鑒：

大函與簡函均敬悉，感佩先生實事求是的精神，以及對學問鑽研之精細。簡函中對本館之愛護與指教，尤令人動容。「周濂溪先生」之問題已交由相關人員轉知作者，若蒙作者認可及同意，將來再版時會修正。「陳子昂」兩篇大作，值得參考處甚多，盼持續支持指導爲荷。耑此　順頌

大安

臺灣商務印書館編輯部　敬啓

二〇〇一年八月一日

（90）編字第〇七五號

台灣商務印書館股份有限公司 編輯部

地址：臺北市重慶南路一段三十七號

電話：三一一六一一八・三一一八二一〇　郵政劃撥：〇〇〇〇一六五～一一號

谢辉煌兄：

大函收到。因我到澳大利亚去了，迟复为歉。

惊闻刘菲兄仙逝，不胜悲痛。该追悼会早已开过，代我向其家属表示慰问。世界论坛报如有纪念专刊，盼寄一份（或复印）给我留念。

《世界诗叶》不知有谁接编了？

中南財經政法大學
ZHONG NAN UNIVERSITY OF FINANCE & ECONOMICS
AND POLITICAL SCIENCE & LAW
Wuhan 430064, Hubei, P.R.China　中国·武汉　Tel:(027)

祝

吟安！

古远清
10.15
2001年

國防部總政治作戰部簡便行文表

項目	內容
傳遞速度	
受文者	謝輝煌先生
行文單位（正本）	謝輝煌先生
行文單位（副本）	第二處（備查）
行文要點	一、奉交下台端三月十一日致主任杜上將大函敬悉。 二、推介「三月交響」乙書，本部訂購二百冊，覆請查照。
發文單位	國防部總政治作戰部
來文	年 月 日 字 號
發文日期	中華民國捌拾伍年叁月貳陸日發文
發文字號	(85)祥禮字第〇三一一八六號
附件	

承辦人：吳文興

電話：三一一三〇一二

本件保存 年 卷號 ——

輝煌吾兄硯鑒：

拜讀十二月十日大函。謬蒙獎勉，至感慚愧。弟數十年來寫詩，祇在文學領域探討，或從事一些文字評論及文學史之工作。近兩年因身體欠佳，在家休養，不敢多用頭腦，祇好暫停運轉，聊以消遣。多由友好約聚，故而參與雅聚。

大作，兩首都寫出了自己的情懷，讀後，頗感不已。理路清晰，多所批判，思維敏捷，在詩律方面有高深之造詣。弟於這方面，祇是略知皮毛，不敢評論優劣，尚祈兄台多多指教。

耶誕佳節之近，謹以此賀卡，敬頌時綏

佳節愉快

王幻兄不另

弟 李敦群

1998 12.15 於寓所

臺 灣 商 務 印 書 館

THE COMMERCIAL PRESS, LTD.

臺 北 市 重 慶 南 路 一 段 三 十 七 號

37 SOUTH CHUNGKING ROAD, SEC. 1, TAIPEI, TAIWAN, R.O.C.

TEL：886-2-2361-4739 /886-2-2311-6118

FAX：886-2-2375-2201

輝煌先生大鑒：

您好！

我們已收到您於金門日報刊載的大作《外取門生可入翰》，仔細拜讀過後，文中對生僻的「外翰」一詞考據頗多，資料涵概甚廣，實一難得之佳作。如果您方便樂意的話，未來本館如有出版類似此類書籍，可收錄其中，屆時再和您商談事宜。

專此　順頌

撰安

商務印書館編輯部　敬啓

九十三年[illegible]月[illegible]十七日

編輯字第(084)號

輝煌先生：

《唐代文學研究》編輯部稿紙

惠书敬悉，承蒙赐复，不胜感激。

关于李白元配许氏问题，诚如先生所说，涉及李白在安陆处境值得深加探讨。

何秀鈴不知何许人？其《曠世謫仙》一书不知何处出版？许氏名蓝仙不知有何根据？敬请先生再赐复言。

拙著《李白全集编年注释》，前年曾有台北里仁书局来函联繫，我等亦曾復信表示同意，但须出版修订本（即不同意使用巴蜀书社旧版）。後無下文，不知何故。先生既垂青拙著，可否请在台代为寻觅具有相当实力之出版機構，以促成其事？先生如需李白研究资料，或欲参加李白研究活动，我等亦願為先生効劳。

安旗　96.5.25.

陕西省西安市 710068-1

西北大学離休中心

輝煌先生：承贈三月十年詩輯，謝謝，

貴詩社同仁十年耕耘，成績可觀，

感佩不已。其中林佑梅、林恭祖先生

均為鄉前輩，綠梅先生因病往生，當

時已令人感喟不已也！專此　即請

撰安

弟黃啟方敬上

二月廿日

世新大學人文社會學院

輝煌先生雅鑒：日昨接中副轉來先生七月十九日
大札，辱承錯讚，愧不敢當。先生手邊既有「江
楓」相關資料，應可彙整為文，或可投寄
「國文天地」、「明道文藝」，以副刊多不願
刊載考證性之文字也。隨函附上所寫另一篇
小文，并請指教。專此　即請
暑安

弟　黃啟方敬上
九一、八、二

116
台北市文山區木柵路一段17巷一號
世新大學人文社會學院
2236-8225轉3502

輝煌先生：日前由中國時報轉來大作「辜公亮早年的一首詩」，拜讀再三，對公亮兄的生平更增加一層認知，深感雅意，匆此敬謝。即候

安康

弟 葉明勳  再拜

九十四年元月二十六日

芝哥：

家人轉來您們世界詩壇的大作。

衷心感謝您的指教及鼓勵。人有很多

無奈「詩愈寫愈少，愈差，可是也不能不

寫」，此其一也。張朗的病逝，最近的亂源，

此其二也，總之，張朗去世，我很難過，在三月詩

會裡，他都叫我小妹（同姓張），如同我一直

稱呼您芝哥一樣親切。很懷念大家。

請多保重！ 敬祝

吟安

張香華敬上

2006.4.20

輝煌先生：

五月廿三來示及大作「風」評均悉，已拜讀，謝謝先生之關注！香港各大學均在六月份結束本學年，弟任教之「嶺大」、「廣大」兩校，都於本年結束教務，尤其一些行政工作，更是迫得無日無夜。

「風」評一文，很中肯、客觀。弟寫此詩時，確如先生之咀嚼，甚謝先生為小詩費神！（文已寄「秋水」涂靜怡，希能刊出。）弟前未先徵先生同意，乞諒！稍後，再上函與先生作一次詳談。

專頌

筆、体双健！

丁平手上

一九九六、六、十三午

于「廣大」。

香港廣大學院中國文學研究所

所長丁平住宅:
香港新界上水
威尼斯花園
第一座八樓H室
電話: 2672 3877

DEAN OF GRADUATE SCHOOL :
TING PING
FLAT H, 8/F., BLOCK 1
VENICE GARDENS, SHEUNG SHUI,
N.T., HONG KONG.
TEL :2672 3877

來示寄住宅較快收讀→

THE EPOCH POETRY QUARTERLY
創世紀
詩雜誌

●社　址／114 台北市內湖區文德路22巷116號4樓
●編輯部／Tel:(02)2799-0079　Fax:(02)2627-9632
●中華郵政劃撥01042548張德中帳戶
●行政院新聞局局版臺誌字第3824號登記證
●中華郵政北台字第1058號執照為(雜誌)交寄
●Taipei, Taiwan, R. O. C.

麥穗先生／女士：

謝謝你經常給《創世紀》惠稿。

大作〈[illegible]、風鈴木、木麻黃、[illegible]、苦楝、[illegible]〉等十二首，一併已編入本刊第121期，預定二○○[illegible]年十二月中旬出版，屆時當寄贈一冊。本刊雖積稿甚多，仍極歡迎你不時惠寄佳作。

專此
敬頌
時綏

創世紀
編輯部
敬啟

二○○[illegible]年十二月廿二日

（又 [illegible]詩[illegible]之[illegible]將刊創[illegible] 向你致敬。 張默）

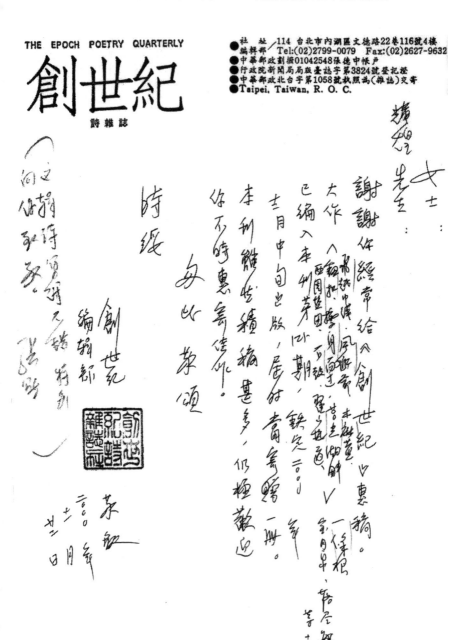

文訊 |Wenhsun|雜誌社|

10048 台北市中山南路 11 號 6 樓
6/F 11 Zhong-Shan S. RD., TAIPEI 100, TAIWAN, R.O.C.
TEL：(02)2343-3142·2343-3143·2343-3145
FAX：(02)2394-6103

謝輝煌先生：

您好，承蒙您撰稿並刊於文訊雜誌 324 期〈莫待明朝花不香——歌響從前·〈夜來香〉〉，至為感謝。

遵照您的吩咐，將稿費$2080 轉訂閱《文訊》16 期之用(起迄期數：103.12~105.3，NO.350~365 期)。

再次感謝您對《文訊》的支持與愛護。敬祝

大安

文訊雜誌社 敬上

2012.11.1

敬啟者：

承贈《怒潮》期刊 1~7 集，嘉惠讀者，無任銘感，謹致謝忱。

此致

謝輝煌 先生

國立中央圖書館臺灣分館 敬啟

中華民國 101 年 5 月 3 日

秋爽長老法鑒：

謝謝菩薩賜寄新年賀卡，但願一百八個煩惱不全隨古寺鐘聲而去，因還有些詩文想寫，不煩不行。

寄寒山寺秋爽上師

午夜鐘聲渡水香，千門萬戶盡文章。

自從張繼題詩後，古寺如今大放光。

另奉上<談談「楓橋夜泊」時的那枚「月」>，如另紙。之所以要寫這篇小文，是因有些教授把張繼詩中的那枚「月」，看成跟曹操「月明星稀」中的「滿月」一樣，有的則說是「下弦月」。天下文章一大抄，以訛傳訛，對文本中的「密鑰」(即「夜半」二字)，毫無感覺，真是遺憾。

祝福

佛光永照

方內人謝輝煌　　敬上

101.12.22 台灣

詩人一信往來書簡

用功的一信

執著的一信

1998 年 4 月 4 日在秀苑。
前排左起：金筑、謝輝煌、關雲、王碧儀、汪洋萍。
後排左起：一信、藍雲、劉菲、張朗、徐世澤、麥穗、大蒙。
（一信攝影、金筑提供）

一信兄：

大著《在行之頭顱》拜讀後，在腦際留下令人欽佩的印象有四點陳述如後：

一、是老而彌堅，求新求變。一般人年紀大了，固執成見，固步自封，老兄則不然，無論題材的擴展意象的翻新，字辭的變化，觸目皆是，真是人老心不老。

二、是老而彌信，負責盡性。對人事如〈橋〉「我必須強硬」，是自信能夠「挺起骨骼來負擔責任」。對詩如「不循前人所行之路，要馳自己創見之路」（頁125）即是盡自己的個性。

三、是老而彌豪，縱情詩酒。且看詩中的「一信」「

近日竟象路上返迷來，並自期　今日康頌　明

因蘇軾　未曾李白」。「揮出文字　就出刀如風　出劍如雨／……毀舊劍派　劍出／新題材新意象新詩語言」。「我的歲月已超過　我仍在／局自悔受加馬御詩中／文字道我　歷史評我」。「若然一　我能以成為一股氣流／必是自詩中衝出／……成風成雨成雲成霧／最終終將成一種語言　一種風格」。真所謂豪氣干雲。我們再斟酒中的「信」「醉了，醉了，醉了，我醉了！／……搖頭晃腦　麻將　碁不住的情感／都為醉態迷我　竟醉於／沒有生意

15

元素之一「金門高粱」。烟啊，烟啊，又急又快，我為是搏球比賽，結果是為了比岸還真實的一種生」。如是「啟開新篇　茶杯／莫將清明中的我」。

保存多些狂放，多灑脫？」

四是老而彌哲，勘破生死：「我之往生一如我之出生／一如水滙流為溪為河為川／入海 或昇華入太空／居自然 當然必然 也果然」，「那之無所謂哪／因為我死了 太陽仍然會亮／一如太陽被遮住了 我猶在／我被埋住了 所有活著之人的／眼睛都還在」。此老子所謂「死而不亡者壽」。

五是老而彌篤，情愛不渝：什麼是否老糊塗了？依之說「印象有四」，怎么跑出了第五印象，那是因為一個一個翻的，找到摺頁的〈老夫妻〉，提醒了我，〈背影〉、〈手杖〉、〈鏡子〉，這三首（是「首」，不是「節」）詩寫得真好，應該合〈老夫妻〉

一起，題為「東方形象組詩」才是。所以便增列了第五印象。

你人雖生了一場病，精神可健康得過我強得多。我人生低調，臨老重拾詩筆，自以為聊賢於博弈，故無兄對詩所懷的雄心壯志。惟對金門高粱尚可陪兄小酌幾杯。好好休養，待你完全康復後我們再來「呼乾啦」！

敬頌

吟安

並代候大嫂

弟曹介直拜 102、1、25、
碧石山

詩人傅予往來書簡

傅予誦詩

傅予誦詩

傅予參觀完上海世博順道來此一遊

宗瑋先生：

謝謝你與近參加詩會。大作〈大日詩〉為佳，已定121期刊出。

祝

寫作順利！！

張默　拜

一九九九、十二、卅。

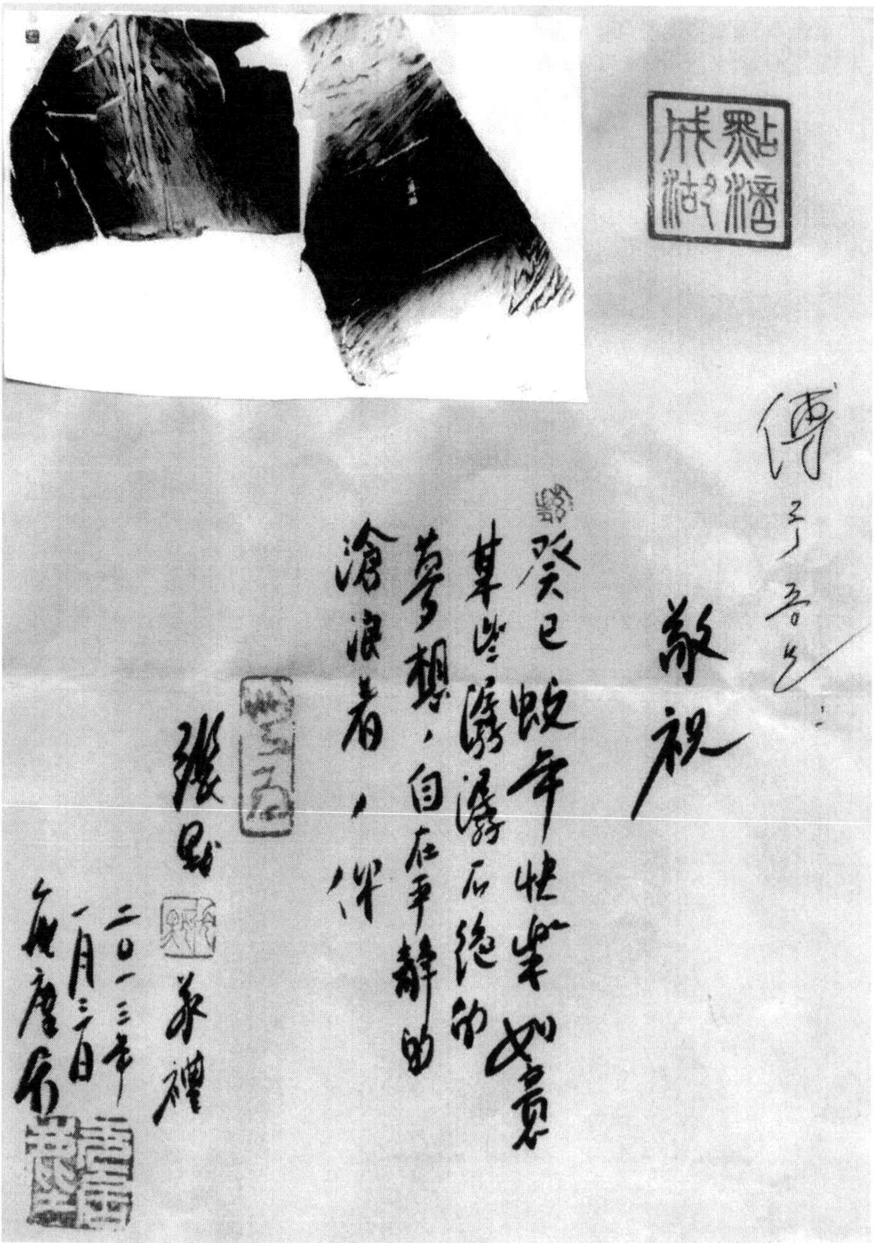

傅予吾兄：

敬祝

癸巳蛇年快樂如意

某些潺潺不絕的

夢想，自在平靜的

滄浪着，伴

張默 敬禮

二〇一三年一月三日

於康居

小立

白雲小立於山峯
浪花小立於海濱
銅像小立於大地

而我，卻在時間之冥流上
悄悄地，默默地
小立了三十個刹那的春天

——卅歲生日有感而作

傅予

詩人丁潁往來書簡

丁潁參加第十五屆世界詩人大會

丁穎在山東黃河大椅上

丁穎在濟南

戴陸吾兄勛鑒：前函諒達，關於兩岸人體器官慈善交流事，不知阜陽、合肥有無具體規劃？日前本基金會已召開董監事會，推出新董事長陳進財先生，弟亦由原榮譽董事，當選正式董事，安徽方面如蒙　兄台鼎力洽談有成，弟等接到　貴方邀請函後，可名列常董事長進財、陳董事邦夔、陳秘書長守梅，擬於九十月間前來阜陽等地洽商細節，若進行順利，即可簽約。茲隨函寄奉有關文件，敬供參考。

近日每次電話，均難以接通，有三次適　兄外出未歸，乃改寫函件，藉可得以表達。

小兒一番喬遷新居，近況甚好，何日返台，吾可小聚，為此敬頌

勛安

弟　陳邦夔　拜啟

七月八日

湖北、貴州均在進行，屆期可能作一系列之訪問並訂約。

邦夔用箋

丁卯中秋夜口占

清光浮大地

落露似龍鍾

為問天上月

鄉愁送誰家

載臣王兄指教

弟　中原

丁穎先生：

欣聞先生主持編印港台作家選集，彌感不棄，未辭相邀，敢不從命，以襄盛舉，特附海風所發表之「永恆狂想曲」一文，請查收並指正爲禱！

即頌

文安

弟 吳尚先 上 元月三日

通訊地址：台北縣三重鎮菜寮天龍化工廠轉

載匡吾兄如握：

是日夜林家花園之雅趣，雲安詩如烟雲過眼，令人頗多惆悵，益感如兄諸公有同慨也！

茲隨函奉上是晚攝下留影十六張，聊足紀念耳！雪泥鴻爪，十年後檢視之，堪供一粲也。

餘不多敘，祝

儷安　有暇代致候

張龍城兄伉儷

弟

中原　敬　十、十六下午　于双溪樓

中原用箋

載見吾兄如握：

頃接大札，不勝高興與感嘆；高興的是，你能於百忙之際不忘故人；感嘆的是，你於九月廿二日就已寫好給我的信，竟遲至十月廿二日始交付郵（根據你去信末的日期與郵戳的印記）。其間相距有一個月之久，想見吾兄沉酣「放情乎竹戲，騁馳乎方城」之勤勤之、專專之、執著著之未遂悉……令人不勝其佩服，並羨慕之至！

你去信嘗有追隨我友歸一樣遊秋高氣爽的北中國，嚮往之餘，又肆月錯過了，何其遺憾也！

中原用箋

①

我主編的「聊天」雜誌，曾寄給你十七、十八兩期，十七期你應已順利收到，十八期諒已過目。你的「給李魁賢」一文，于衡、寒爵、應未遲……等諸人，推讚不已，但卻被徐水德在來々十七期之溫暖碰到我時表示遺憾，但他讀後，發現他已替我向于衡致歉，宏悅，銷了帳，這也說你的大作給徐水德的氣惱了。小的「聊天」十九期已在印刷，本月可以寄上。立法院打架流血事件，曾出示窮形，你說看到的流血事件，我不知指的是那一件？

中原用箋 ②

現在還有廿餘天就要縣市長選舉，三黨人馬（國民黨、民進黨、新黨）已經短兵相接，錢手每天都有殺人打劫的事情出現，李登輝也親自出馬助選，烏煙瘴氣，出盡洋相。好戲就在後頭，如選舉時你尚未歸，我会盡力報寄給你。

台灣旱象嚴重，今年除各水庫紛紛乾涸見底，天災人禍，令人担盲憂不已。你領導的食品工廠想已開工生產，在此祝你大發財源，營業宏開。

附上近日聯合晚報幾張，點點多熱鬧。

順祝

闔家

嫂夫人筆問候

中原敬上　一九九三.十一.一.

中原用箋

③

Dear my..

How are you? I ane veny miss you。 (第2張來的)

賴，夜已深沈，孩子們已睡了，我仍然靠着沙發給你寫信，收音機播出的歌聲都是那么冷冷的淒涼的曲子，一支是「裏町人生」另一支是「何日君再來」另一支「負情草」歌聲真太美，而且美的有点蒼涼，有孤獨的味道，可是我就是喜愛這些曲子。我有一种想哭的衝动，我終哭了一小陣。

親愛的賴，你問我要什么礼物，賴，讓我告訴你，我要的是你快回到我身邊，每晚給我擁抱，依偎着往日柔情，听到往日的聲音。哦！親愛的，我想念你！……——

賴，好好地養好身体，别憂愁苦惱，天無絕人之路，相信「柳暗花明又一村」吧！「电視的男實驗房後另一位不識字的宋先生被升組組長，英文一句也不懂居然可以出人头地」賴，這不是福從天降嘛！相信我！我們總有出人头地的一天，只要你把身体儘養好，早日健康幸福將來臨。

素姐沒信來，元白來信告訴你再過几天出院，令安來，說了你需要六十元，我給回掉了。

傅青沒來信，我快正要給江南，我的中央副刊稿沒退，也許用了，「寂寞的季節」「銀色的夜」這兩篇都是寫你别後的感觸，所以感情的流露那是不用说，

賴，my Dear，願我們今夜在夢中見，擁緊我吧！

給你長長的吻。— 你的妻 [illegible]上 1967.2.1.深夜于臺中

穎，

從CCK歸來，一路儘是迷濛的雨，想喚住從身傍擦過的車子，但，幾次都被茫然的心緒給遺忘。

風從我的臉頰走過，而雨卻不停地從額前滑在唇和臉頰，此時，我彷彿又看見了寂寞，踱走在湖北街頭，我的鬱悶和悲涼一直是沈重的，已經忘了該拭去臉上的雨，我只是想到『歸去！歸去！』走在涼涼的雨中，我的思維一直是盲目的流浪着。想您，想孩子，想過去，想遙遠的未來，想那些生離死別以及散聚匆匆的日子。

穎，您知道嗎？此刻，我感到萬念俱灰，您是我生命中唯一個不能忘記的影子。凝望濃濃的夜色，淒迷仍那么濃，想寫給您我的細訴，可是也不知自己在那兒憂傷。

穎，我坐在客廳的床上給您寫信，而您呢？您牙痛是否好些？每日吃的藥是否有帶去呢？真希望您的身体能够很健康。別忘了每餐加些營養，但願回來時能看見您容光煥發的神采。好嗎？

不管您的日子和我的日子流浪的多長，您在我的記憶中仍然是那么深刻那么不能磨滅，我常想有一天我的影子或則您的影子在歲月的階梯上倒下，那時候的您我又將是怎樣的感觉：死別的悲痛將勝於隔山疊相思的淒涼！穎，但願上蒼能賜予我們幸運，賜給我們以人生上的幸福。

想您！想您！想您在寂靜的深夜，穎啊！人生的驛站裡，您是唯一個讓我微笑和流淚的人。我可以忘記那些飄泊的浮萍，卻不能遺忘安埋在心靈裡的燈。

如果，我能看見這個世界，這一盞心靈的燈將永遠照亮我的影子，穎，您說是嘛！而我仍然在您的燈前閃爍。

噢！今夜，總感到無限的落寞，冰冷的心，有一种灰燼過後的蒼涼，我却有点茫茫然，穎，我永遠懷念着您，永遠……永遠……只要您健康……。

祝福您永久

箪健安康　您的嫩敬上　五九、三、十四　深夜十分

文藝月刊社稿紙

No. ______

載賢吾兄道鑒：

疏為著尔協助國家安理察的服務中心一事，請之與過意，為了同事商討組織譯著偶聚事，後定於黎明出版事，手頭較寬於吾　兄等，敬於廿八日拙著中，書經投信，雖為通信方便，但分寄於是日，餘請之鑒之，創意，著其及在中中出版詩於後日餘間也聯繫答之，並賦代邀，尔作本意，至喻此之答餘，也好商量。又請代為，當面謝（有勞兄），孫踐

撰安

弟 [illegible] 如上 示

八月廿三

廿八日即可擲給弟，爭取時間

尊敬的穎兄台鑒：

今天是聖誕節，是耶穌誕生之日，是旭日東升之時，也是西方人的春節，盛天吉兒，弟為您寫信，完全是祝福我的鄉兄，我們滬上詩人、作家、真人，道德楷模，幸福、安康，祝我尊敬的文化長兄、大哥丁穎健康和諧！我與擇友中特對您的為人、為友、為兄長的熱心扶植、真誠善待、關愛至極于

我倆再感到榮幸!!天下朋友多多多,而
真正稱得上肝膽相照者實在了了無几也!
願兄,與我們的友誼永存!!
經您催促,黃教育同志已于十二月十九日
將人民幣6230元寄奉了,留念。
新年將至,願友朋們春夏秋冬過到大吉,
暢談別情,暢叙大哥詩文學藝術,享受文化
之樂!! 祝
撰安 並于鎮江, 愚弟 吳騰凰 二〇〇二年十二月廿五日
劉春園府雙樂!囑我代為致敬! 胡文若

丁穎兄：

今晨接到您的來信，甚感驚異，因為在去年的十二月上旬，我曾把您的"鄉愁"連同全新的菲幣四張（即二元、一元、五角、二角四種面額者）以空郵寄上，我不敢以掛號寄上，因為郵寄鈔票出國是違背菲國法律的。可能我寄時已近聖誕，可能郵件比較擁擠以致遺失。您的"鄉愁"，我因找不到有稿費的報社，所以未寄上還給您。

請將下期出版，出版後，即寄上，以念。

就此擱筆，祝

快樂

[illegible]鴻 拜上

1-10-62

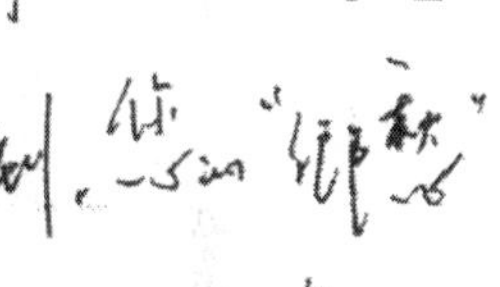

附寄拙編「詩的變奏」一冊請指教

丁穎鄉兄：

大札及稿件均已收到，唯本期來稿特多，長稿實難安插，部分不得不移下期安排，尤其是一切均由個人包辦，已無暇顧及，手忙腳亂了。

弟多年前曾以「奇傳妙聯拾萃」由「文藝月刊」連載約兩年，可是剪貼已捐給文學館，並無出版計劃，許多手稿也多已捐給圖書館了，兄那篇詩稿大作於下期付梓，詩稿先行發表，敬請海涵。

祝

文安

弟 麥穗 上
101.5.5

戴臣：

我年輕時候戒過兩次烟，大概是道性不够，戒得不澈底。直到第三次戒，才戒成了，如今戒了近二十年了。

我近四年來實行過兩次戰鬥性隱居，大概也是道性不够，閉關得不澈底。現在第三次閉關，比照戒烟前例，決心要把它做成。

我決心不見朋友（如有事聯絡，請用寫信方式）；在幾件訟案結束後，當然也不見敵人。（莎士比亞劇本中說「仇敵都不見，除卻一寒冬」。Here shall he see / No enemy / But winter and rough weather. 寒冬畢竟比敵人好多了。）

在我生那年死了的美國大法官霍姆茲，最後寫信給朋友，說他餘生無多，但有生之年，他珍惜過去的友情，如金光之加於落日。（"I shall treasure as a golden sunset."）如今，我就以這道金光，权作話別。

李敖

一九八六年八月二十五夜

丁穎學：

來函談到，我這裏只存有若干人簽名的一本集子，隨函附上，請您看完後再寄還我，因為我覺得這本書係天生具紀念性的。記得您好像還存有我的一冊藝圖錄，就用那本好了，以免日後出點錯誤流弊。

祝好

丁[illegible]

九，廿

丁穎先生：

數封惠書都已收到，寄下的

書刊和譯詩，謝謝你。詩書我當設法把

你的寫刊的稿件寄去，而詩集你主編的

刊物也寄到，我還要再投稿件，所以把詩的

另外給你的事都忘掉了，還寄給你審讀

書來聯繫，務請原諒。

敬祝

編安

張秀亞　四月十五日

丁穎先生：

大函收到，

華作意境之高遠，詞采之幽雅，深得詩的神韻，曾試投過雲

刊物，但以叢書每日好迭送，[illegible]罷，故從其文[illegible]

這個刊物純係初創者，但也需有一段籌劃的期間，今特寄

稿隨函附呈，敬請您審閱後見賜吧，該刊是他之編輯。

在該刊上發表的稿子，篇幅小，都是散文，想不久您可以看到它。

[illegible]祝

文安

張秀亞　十二、十八

鼓之二

明天是您五十晉一大壽，在此向您道賀。（您的生日是農曆三月廿三日，但您要學洋人過陽曆）記得去年您五十生日時給您寫二信，一轉眼又是一年了，真是時光容易把人拋，這一年街上看不到您的書和您的新詩，總是被封殺的原故，打了幾次電話給人搞，沒有您消息，時常在念著。今上午和文鑒見面，他說前兩月和您聚餐，得悉故人無恙，殊為欣慰。

我很懷念，向念。近日在籌備一份刊物，未曾先和您商量，怕您罵我又不務正業，其實有刊物沒刊物對我來說都一

1

樣，反正我除一个人之外，什么都沒有，而的物沒有錢，不而的物也是沒有錢，就寫書做活寫作，再找也找不到那種，常一期有朋友答應代找錢个長度印出來再說，成為一冊快樂後看造化如何了。

日昨翻我舊東西在一个鐵盒裡，發現十年前您失云自由時代您給的八字，當時我只將您的生辰八字告訴他並未告訴他貴姓名，但他覺得您得精奇尋。此亦異事因文化一大精意，又得很人覺得高妙，在您生日時隨函附上，就算當作您的一件小紀念物吧。

另外這个小帳冊本來不打算給您看，應屬，因從此而又因為是(您)那夜我，當時我記憶或是對我自己有什交待，我在我覺得還(是)給您看之好。我一直記得您向我說的一句話：您和我是最能紀念的朋友，因此處理您的文稿是負有了責任說，只是我做了太多作品，沒有細心，所以有些可能不符您的期望，但知我者為您，當可見諒的。關於老子出版後，要我的錢以捐了若干錢，存太太處還債，高方面教授處理，小女說在公司，由我們庫存付費。如您要英文譯本，就(是)以前賣出的，餘際寄新存您，我尚餘數十冊在我處，錢時順便送來。小八(開)本中可帶去。另外要處，及以前賣(一些)的也(都)記載明細，從本子上大致寄來一同寄您。您方便中來時可再給您過目。最後感(謝)

向您說明的：我小八的陸蓉四件餞交愛，跟我的書還退一套，
因我經手，這筆錢沒有由我墊去，一直到現在，所要人還
未能將這筆錢全部還我，這些年一直不敢和您提
起，今天看到這個帳本，在此順便說說，希勿介意。
處在今日的刊物紀念，有個甚麼紀念的朋友是多麼不易。
象您以道義相許，以平凡最大快樂，即以誠信何識
啦！也許很年是為賀（你）生，可是留看留着都有上海傳感也
許年歲大了吧！就此打住，哈哈哈
您生日快樂

千白 孫小玲？

P.S. 一、希能將會員名單地址見告。
二、李毅五十年秋季子弟？第一冊書，一本手頭沒有。

4

民言先生惠鑒：

"掃蕩"週刊八月五日出版之392期中，閣下報導有關駐巴拉圭大使王昇將軍被人誣告之真相一文，僑界與大使館同仁讀後，對閣下觀察之明確，秉筆之公正，十分欽佩。

閣下雖曾訪巴，但已隔數年之久，然對此間僑情瞭解如此深入，聞王大使亦認為閣下是一位傑出之專欄作家，本人是大使館之工作人員，特對閣下主持正義之精神，表達由衷之敬意。

既承閣下關心本案，為使閣下瞭解全案真實情形，特將本案之重要資料附上，俾供閣下參考。但此項資料雖非機密文件，而係政

府內部資料，閣下可作參考運用，但請勿全盤公佈；又如閣下肯賜告貴名與通訊處，尤拜感激。耑此，並頌

撰安

朱文豪敬筆 七十六、八、廿一日

民言為丁穎當時專欄之筆名

丁老您好！

原请舒飞先生为您写幅字，实感荣幸，几次说您就要回来，就一直想留交与您，看来短时间内您回不了，就寄去吧。

至于北京同诗友和其他人题字到，还请您费心，总之是多多益善，争取7月份或8月初推出来，再迟就距五周年（2006年6月创刊）有点远了。别不多叙。

祝

安健！

袁光

2011年6月5日

丁兄：

您好！

寄来的宋楚瑜题字已收到，这对于刊物无异是锦上添花，只是刊物创办已四年整，再请人题字时，不提创刊时间也可，因下期为活伯兄专刊，题字只好到12月份刊用，届时将精心打造，以示尊崇。大陆这边也有几位文化名人已题字，以后每期将于首篇刊载，这样影响自然就扩大了。

刊物基本上每期都给您老寄去几本，大概只有一至两期是合刊发寄，不知为何没有收到？接到您老来信后，已寄去了3包共19本杂志，其中两包为挂号。今再寄去10本，如需要赠送，那边题字如方便，也是多多益善。

我今秋之前尽量争取到台湾一游，有情况随时联系。

祝

秋安

李[illegible]

2010年5月8日

淮南师范专科学校

尊敬的丁颖先生：

想来你已安全愉快返台，我衷心地祝福你健康、全家幸福！

十分感谢你对淮南的访问。尤其是你千里迢迢为作者送上样报的敬业精神，着实令人感佩。而你在学术报告中所流露出来的爱国思乡情怀，更动人肺腑。总之，你的来访，给我带来很大的教益。

在谈话中，我已表明我对尊著的基本看法。实际上，你走后我便写了一份评论提纲。因我从总体上，想把你和高準、痖弦、张默先生的诗作进行一番比较后，才着笔写作。加之我计划写十位诗人的专论，且每位都想能通过研究来解决一些理论问题，而非写一般性的评介文字，因而尚迟迟未能动笔。我的目标是写诸如我已写的评向明、瑶金、郭小川、贺敬之和月初寄给你的评洛夫的文章。全部完稿后，将出专集。总的着眼点，我是想侧重对诗歌内在艺术规律进行探讨。那种赶时髦的文章，我是不写的。对此，尤其对你本人作品的评价，有何意见，望能赐示！

本学期课已全部结束，七月七日即放暑假。七月中旬北京有个会议。归淮后便抓紧着手写尽早抓完的几篇文章。高準先生曾有信告知，他欲七、八月份来大陆考查访新疆等地，有望来淮南一聚。请你与他再作联系，望将来华时间告知，我校好有所接迎。尊夫人在加拿大女儿处，请代为致意！亦请代向文晓村、周伯乃先生问好！

专颂

夏祺！

陶保玺敬上

1996.6.30.

丁兄賜鑒：

南市小聚暢敘後又深有相見恨晚之感。歸來後仔細思吾兄之見解及諸多觀點，均令人亦引為欽佩。今後尚祈多予賜教以匡不逮為幸。

貴好友金同先生日前已由大陸返湖，亦并晤前往拜謁，相談甚歡，以向又多一好友，誠快事也。

所寄來之資料，均已收到，且當詳加閱讀。大作係統一問題，見解尤為獨到，旁徵博引，內容極為豐富，允為務實進之作。寄去小詩一首，甚大笑。此詩格律欠工穩，但亦是修飭賢而已。一笑。

即頌

時安

弟

王恩東拜上

77.5.3,000

78.3.31

穎兄：

曾託香港詩友帶去小札和照片一張，不知已達座右否？念念！有便，望寄我一份。

近來有無佳作？能寄我十來首否？我喜為你作出安排，我虛年七十有三，而此身已許繆斯，且老而彌篤，奈何！

選集之議，有何具體設想否？如需要，當另郵近作數十首來（都在海內外各大報刊發表過的）供你篩選。印數不宜太多，兩千冊就行了，以受歡迎書局同意之。（再版之數）

匆此，即頌

編安！

文定再拜！！

七月廿九日

Peer International Corporation

賜教處：No. 1038 W. Garvey Ave.
Monterey Park, CA. 91754
U.S.A.

丁穎先生：您好，

涂文遠先生與我是同縣同鄉同學又是好朋友，特囑我轉丁先生一信，並將附信內容來請查收，如先生今後有信給文遠，需我轉交我一定照辦，希勿客氣。

我是84年同內人攜小兒及女兒媳婦孫七人移民來美，本人子女孫輩均是以出來六人，子女已工作，孫輩在美大學讀書，國內還有孫輩讀書，今年大學畢業已分配工作，不久將來美。台北我有一同堂弟程緒昌及其他朋友甚我。以文遠兄關係願與先生作朋友之交，希不吝賜教。敬祝

時祺

程相礼 拜上

一九八八年八月十七日

丁潁先生：

接信，先生編"掃蕩"每週出刊，繁忙可知。

朱夜先生寄來信給副刊，晚已寄給他自高小說新辦法，並將他聯絡上，近日即有他的日記在副刊上發表。

您"祝教之五十壽"之聯，屬"自立詩壇"稿件，目前該欄由本報黃姓舊同仁負責，晚不敢擅權，故已轉交由他處理，如未能見報甚祈鑒諒！

另寄"作家日記"邀稿函，甚盼無論如何先生均能賜稿相幫！

晚向陽拜 7.23

即頌

編安！

子頫先生：您好。

那本前些接到您的大著和信。這兩本書很珍貴。謝謝您割愛寄贈給我，很感激。這書年代已久，但對新一代的詩人是好的參考讀物，是新的。我會在我編的詩刊上刊發。見報後當寄上剪報。

台灣人情、風景、風物很適合我。可惜我持中國大陸護照，申請去台灣很不容易。上一回已經靠兄的幫我以詩刊邀請。這一次借世界詩人大會才去得成。

附上我們的合照。這也是很珍貴的一張照片。因為，我不知何時才能去台灣。您信箋上的電話 886-4-22392478，應該還用吧。如有機會去，當與您聯繫。握您的手。

忠鵬 上

中国社会科学院文学研究所 ①

丁穎先生如晤：

元月廿二日大札敬悉，非常感謝您寄來的"著作權法"(复印件)。以東的事就这么了了，我真为您抱屈，并更進一步对您的人格气节生起一層崇敬。您的诗人气质很重，与许多世俗的人与事打交道，難免生出挫折，现在两岸都在呼吁著作權益保障，您已是最典型的受害者了。

我的《胡適传论》书稿，原来"三民"要出，但由于两个原因，没有最后谈成：一，是部頭大(80萬字)，他们担心经济上賠本，要求压缩。二，书中如实地写了胡适晚年与国民党当權派的教育矛盾冲突(自由中国、雷案等)，可能在措词上多有对国民党当权派不敬之處。一度来"幼狮"公司也曾同意出版，但也要求字数压缩至卅五萬字。我很为难。十年磨劍，自認为学術上很有些深度、厚度，出版后也会引起较大反响，而就胡适的歷史地位与文化貢献来说，八十万字應是合適的。故一直不肯同意压缩，还在寻觅有意見的出版公司。您对拙著的关怀，我十分感動，您倘能替我聯系别出版机构(公司)则太好了，但要能遇上有慧眼并有胆识的出版人。您说您自己的公司或可担当，我更是感激不已。如果您自己的公司能出版，我可以不要一分钱的稿费，不能让您自己的

中国社会科学院文学研究所 ②

(公司賠錢送書)我心裏不安。一书出來后的銷售情况畢竟
心中無數，還請多知，您全面權衡了斟酌。(与经理部人员商量)。
這里隨信附上《胡適傳論》的出版介紹資料("自序"与"目
錄")兩件，用供参考。您可以复印多份在出版圈子里散發一下？
—如果有意于出版單位，我可以去信叫我台北的朋友
(中研院初安史語所)將书稿送上審閱。—總之，一切拜
托了。还有《文学評論》与《文学遗产》今後如何寄？
您在大陸上是否还有收受代理点？(山东大学(？)) 还是
直接寄台中？盼即奉覆。臨穎再申謝忱。

恭頌

新歲吉祥
事業大發

胡明 拜上
二.十五.

丁穎：

謝謝你的信，還有書。

这本書—我有你全部作品，包括散文，正好沒有这一本，太好了，而上面有你的簽字，倍加珍貴。

我在8/26到11/6中间，（三個月不到）會到美國愛荷華大学参加他們的國際作家計劃（後面剪報有些資料），請務必給我寫信（附上地址）。

這兩天正忙著收拾行李，但還是趕緊寫信來向你道謝—你的信，寫得真是好，有感情有文采，也謝謝你的詩—可惜好久了，一直沒有通消息，可能我也太忙，祝一切安好，保重身体！

瘂弦敬上

8.23

（這照片是用我相机自己拍的）

窗前是這條美麗的愛荷華河

丁穎：

謝謝你的信。

在海外安靜的灯下，展讀你的長信
真有幸福的感觉——在這忙碌的時代，功利的社会
還能有老友的信，手寫的信，撫摸，豈不是天下
最幸福的人呢？

愛荷華的秋天，最美麗的顏色就掛在每天
走路經过的一棵棵樹上。 日昨去聶華苓老师家
吃飯聊天。每年秋天也是她一年中最高兴的時光，
兩岸三地（包括香港）都有寫作的人在这裡相聚，大家
把酒談文学（你也認識她吧，在她編「自由中国」的時候？）

也為你高兴——你又恢復寫作寫詩了，真好，
晴夜裡，只有文学是真正的歸宿。

晚福，

凤凤 2010.10.14
於愛荷華

丁穎先生：

老人家好！北京一別，不覺竟三年有餘。不知先生近況怎樣？想當初雖然衹是短暫的相逢，但諄諄的教誨，至今歷歷在目，使晚輩受益非淺，甚(至)是想念。

最近偶得您的訊址，甚慰，冒昧給您寄信一封。在百忙之中打擾您，很抱歉。

吾自小就酷愛中華民族的傳統文化，特別是詩詞文學。吾雖農耕出生，"在蒼茫之中浪迹于人世，更在蹉跎歲月之中索覓一方樂土。"學閱有限，功底甚淺，索興寫一些表達自己真實情感的東西。按現在說，衹能勉強算傳統新體詩。特寄您了一些，望請斧正。

另外特請我的書法朋友羅擧海先生書寫三首詩相贈，其中一是晚輩拙作，另兩首是成都詩友作，望請笑納。

寄上與您在北京的合影，以留念。望有機會多多向您學習。懇邀請您及家人到成都做客。

祝您

安康！

尹洪川

穎穎

在前幾天我看到「從枝詩刊」上你的 ①
「阿黎明」，以及「越南僑生」上莉莉姐
給你的信——夢、及盲目——我打算給
你寫信，信封都寫好了。但是一件苦惱
的事情突然的襲擊，因而擱置了。
使你來信，使我非常為難，難言，但
為什麼要這是這樣的自尋煩惱呢？我
們不幸生下的已是廿世紀，如今既然沒有一塊
乾淨土的世界上，一切周遭要氣，之壟斷
使我們窒息死了，我不要再作自我煩惱
了。昨天不聞，便是不見。此思，要寫上了

身為人。只要我們之生活得乾淨，不負世②俗合情、理、行。要試想在這世界，在這個國家、在這社會，我們算得了什麼。真是滄海一粟，天塌下來，有大個兒頂撐，毋須我們去操心。您不以為我是在說教吧。您能體會的比我多千百倍。

莉莉我想既是您為難的那女孩子了。便了，說吵了，有什麼可惱的嘛。只要我們有緣份，那里沒有女孩子[illegible]。踏破鐵鞋無覓處，得來全不費功夫。天下往往有使人不致置信的奇蹟出現，慢慢的來吧。要是為一個女孩子而走上歧途，也只是天下庸

一償了！ ③

振作起來吧！穎，把一切不如意的看作是理所當然，總我不會煩惱了。

人生乃是分為兩面的，便使生命維繫了寫作，那人不就成了寫東西的工具了嗎？寫作是不寡了其他工作也是了寡了。

前面我要是從我實然曾遭受一些苦惱，那是因年我之個字的，人家向我恐嚇。將來我仍需繼續努力。

目前接來信時，靜生那里面有看了一個微笑的苦日子……」。

信字

八月廿四日

載公丁穎吾兄：弟再三讀吾兄這篇「談詩」的文字，驚服吾兄的文字功力，比記憶中讀過的都高明。談詩，何易哉！也曾讀過一些談詩的文字，常有困惑或累贅之感；吾兄這篇文字，既廣徵博引，又語無敷衍，字字中肯，言簡而不失蘊藉，意見賅而不顯匆忙草率，確是一流文字。弟豈止不此，是弗如遠甚！！

嫂夫人尊前順筆問好，祝

時祺

小弟[illegible]頓首再拜

一月廿九日

丁潁兄：

一年多前，弟住土城姻親，強要我晚上去為其幼子補習英文，（週一至週五，晚上六時半至八時；星期例假晚上七時至九時）千推不得，只好答應。

三月四日（本週五）我盡可能早到，希望七時左右可抵「上林」，以圖良晤！

我沒有學過舊詩，沒有學過音韻學，但常胡謅打油詩，十多年前，為菲律賓華僑老友編輯的「行萬里路」旅遊系列，在「編後贅語」附撰四句，描述作者一生志業，知者均謂言簡意賅，難以輕易一字，順便附呈手邊尚存的二冊，吾兄或可聊以遣興。近年來，回二、三老友信，如舊病復發，喋喋不能自休，常胡謅四句以代

「七十年度憎流年，歲月殘酷催急箭，

萬般無奈隨業過，苦待西去了塵緣」。

自愧不能與吾兄相提並論，「辛卯除夕感懷」，工整之外，俱見功力，弟是外行，固無論矣！弟之體會，吾兄舊詩，就這幾首「辛卯除夕感懷」，比之兄之新詩，讀來更順暢爽神。

嫂夫人尊前，順此問安。專此 順頌

小弟[illegible]頓拜 二月廿八日

三一十 其

戴公丁穎吾兄：

於文學方面的能力，比之吾兄，弟不如遠甚！者番精讀吾兄賜閱四十一篇大文（約十萬言），更肯定非弟所能企及，

旬日來，弟每日於精神較佳時候，一心誠敬專注拜讀，並隨記下偶有所感於篇首。

高准十兄勸兄出版，弟竭誠贊同，俗人俗世，能多留一書，總是多些意義。世人常問生命意義？弟於半世紀前，就自作解釋：「人之一生，生命的意義，與其一生做多少事成正比：做多，意義丰富，做少，意義貧乏，不做，空白一片。意義如何解釋？則隨個別的價值標準而解，莫衷一是」

謹用「限時郵件」璧還，順筆問嫂子好，並頌

闔府大好

弟[illegible]小五哥頓拜　三月十二日

丁穎先生：您好。

前寄下的大作，現已見報，並把您的手跡製版放刊出。現寄上剪報，盼今後多聯繫。祝筆健！

[illegible] 敬上

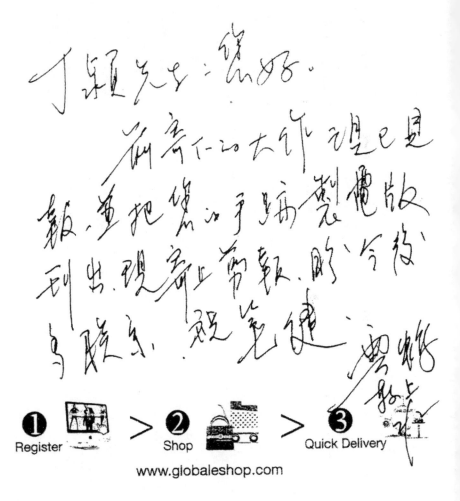

鏑鏑

讀到你的來信，好像是讀一篇使人很　①
辛酸但也很欣慰的小說似的，直至丈夫
無他人之後，當你到了山窮水盡的時候，
上帝卻給予我們憐憫。此次能夠在八十
多個老者當中所能用，至於幸運的自然是你
的出乎人的條件，而這轉念之間的時去
理，真正是意想不到的。

你於二月就離開了四年，那書前差
不多一兩個月的時間，寫信給我這一封信
而當時你收到沒有。那封信是述說我
這幾年以前，曾接獲數次恐嚇信，是關

爭有這個家的了，經過我兩封長信，解釋了我這家的原原本本，對于隱苦當有理性、所未出什麼漏子，所以那一度時期情緒很不好。

我一直沒有找到事，一直在家里呆着。②和去年那種苦難的日子比起來，有些是自由自在、自覺無拘束，但日子久了，無事了，也是不好受的。這次國營九大公司招考職員，我去了兩封信向輔仁會從前的老都了，之下文，真是氣死人，從來還是代我轉信說去了去去，不依接着。據代我信你找人看到了我的信告和信，對我印像很好，從輔仁寄出書可能沒問題，（這一關最重要）但正式回過話，還沒來，到底為何，未能卜料。

閒着沒有了，我很想練習寫一些散文什麼的，結果寫了兩篇投去中央日報都給退回來了。生氣得很。有去信我看看，到底壞在什麼地方。

你現在既然有工作了，我更要再用想一些不愉快的事了，放寬達一點。同時千萬要珍攝健康，因為身體才是我事業的最大本錢。

草此

信芳　四月九日

身健

丁穎兄：

七月初及八月中分別寫了兩信給你，近來諸事順遂吧！今天郭楓兄來電告我：你將於月底來美一行，聚首在即，誠感快慰！我將於明天去Fremont明主園旅遊並寫生，預定二十六七號回此。據郭兄說你將於廿日抵舊金，你再那日本要一個月後才回來。所以你最好在九月廿九號或以後到達，我才能到機場接你。但我所有事也不會開，屆時恐怕只好請他去。又旅社去了，恐找不到朋友家可住。我已幫你找好了此地的旅館，有一家像樣的，一晚約七十七元，房間還好，只是沒有摩登的衛生設備。但平均一天只有十七元，是最便宜的了。我在加州大學門口，交通飲食也方

許可以找到人開車來機場。我的電話是：928-3167
想也是信封。我的房間很小，只一張床，無沙發。
如果一二天，可去借被褥來打地鋪。較久則租房
子來安置。

你來時可帶藍村的書等一些來，如楚留香、鄭
愁予、徐文、我、和你自己的書。此地有書店可買，
我帶來文學與社會路線。如行李還帶得下，也請
你到時報去買幾本帶來可以代售。此地有兩三家中
文書店，但多為台灣的書，都有賣，我只見沒有藍
燈的，也只有時報和大漢的。

鄭愁予他被人吃倒賬，不知詳情如何？甚念。

匆此 祝
順利 問候亞微、小青、曉晴，

[illegible]

丁穎兄

關於對我的詩的選擇，現收得包括你在內的七人的意見。其中自己是詩人的四人，不寫詩的賞讀者三人，女士三人，男士四人，在台灣及在大陸的各三人，在美國的一人。有一人選到了十八首，一人選到了十五首，一人選到了十二首，另四人選十首。有一人只看到了1985年版《犁青詩集》。共被選的有四十七首不同詩篇，得票情況如次：

(1) 六票：返故鄉。

(2) 四票二首：神木、中國書法交響曲。

(3) 三票二首：回家的路上、靜夜

(4) 二票十九首：謁孔子墓、登長城哭、異端的變奏、寫留、懷想、青果、醉、醒、收穫、邊界、燈塔、心願、情詩、徘徊、命運、詩魂、自畫像、在山之巔、登帕米爾高原……

(5) 一票者二十二首。

你選的十首中有九首超過一票。

承詢問，謹奉聞，聊供一笑。

祝好

犁上 2012.8.2.

我搬家的事尚無着落。不知在台中生活和能寫作的地點，房價如何？

方艮
丁穎：

　　謝謝您。相片已於十七日親往新竹送給黃小姐一份。夏夏的我準備在下月中旬才送去。有兩張我已代為簽名送給黃美小姐。她本打算另別簽名送你們各一張。但因加洗的份量不夠。所以我決定將來再加洗好了，才給你們寄去。

　　暑假她們都準備到台北來玩玩，我希望屆時與你們見見面。不知閣下意見如何？

　　丁穎要北上，我很歡迎，到時候可以住在我這裡。我又搬家了。地址：台北市新生南路81号的通信大隊第十号宿舍。郵址：台北市郵政第7130信箱

電話：25020#25021#轉922找十号宿舍

當然我希望在來之前先有封信給我好點，我可以到車站等候尊駕。來了切磋詩作，文章并指正，另外曾由羈客介紹了一個台東新報社的詩播種園地，是由李青華主編的。地址是台東 永興街 70号 台東新報社詩播種 每逢星期天出刊，已出十四期了。我給他們寄了幾篇稿。你們也不妨寄寄。　　祝

好運

文曉村
3.8.

詩潮：
兼發
人也是
我寄郭
還我摺
者會、

穎兄：

遙「詩人季刊」之噓，韓韋上詩和我伴寄適合一份。

兄上次信已收到。現詩潮第二期稍已編好。蕭遙峰兄找發行人。我想明請兄為顧問兼如好了。另外同列為顧問兼負責的還有郭楓兄与文化學院教授徐哲萍兄。幸勿推辭，以免人家以為我們的友誼有了問題。

至於兄出錢之話，要我向郭楓收来相抵，實無不可、但他是郵務區郭楓從此之並請他將匯款找這裡来。我即寫、寫後即告我我壹一角寄信給他、還有他的地址亦並兄云。郭楓兄方面的餘款那詩即交第二期印刷之用好了！另劉國基向你借錢從來無法還之書，那詩他給我，你當着也無從交賣、我這些編輯都還有千多多、那要就並告訴湖兄、另外有重人從第一集就出了、你有沒有收到什麼通知、你兄發行人如未收到通知，那我也有人告訴你，即告我好。

許筆上 二、十七

1

穎：

讀您的信正值吳偕之在我家，因而也正談及有關您和今後文苑的前途，我就將您的信也給他看了，他除了感到對您的待遇不能給予較為合理的安排而覺得抱歉以外，他一再表示希望將來業務有了進展以後才給您提高薪水，他一貫都也再三申明說，丁穎是許多年摯友，對錢是不大重視的，不過精神將補您些許生活費用以外，不必考慮其他問題。

我希望您繼續全力處理您的工作，我很早期就知道您能把這份職業當作是自己的事業，正如我一樣，我因離得太遠，不能時常加入工作，但我已決定盡最大能力量支持下去，無論在精神和金錢上，雖然我目前還沒有出錢，甚至每月他還按期給我厚酬，但當有一天需要我出錢支持時，我想我會毫不考慮地當了西裝和家俱來支持他，因為我一直覺得這是一份事業，所以那天我和吳偕之談了很久，我們除了在內容

二

上次領大使程稍以外，在本身業務也需要對於人事業性的負起責任，而您既然要將去《童聲》周刊社，我覺得您弄《文苑》給她當一方面要無趣相授，二則事情也不壞，您可以專心讀書和寫東西，朋友，暫時先把女人丟開，先在事業上立基礎，否則縱使有一天有了女人愛上您，您們無法抓住她，例如剛剛來表達《新婚結婚新郎不是您》即場面也許您還沒有嘗試過，但失意和失戀都成了您的家常便飯了。女人離不開長期飯票，除非她的丈夫是專門吃軟飯的懦夫，朋友，這是我唯一的忠告，我並不比你年長多少，但我多少還沒有陷到煮字療飢的情況。

我的朋友中，啟新、覃慧都成了職業性的煮字專家，但他們還有一些小小的地

根，那就是他們有一個中心思想，使我等在攻讀英文、夏楚在學當，而您亦希望把文藝播出一點光芒。 3

至於今後的業務推展工作，是最重要的一環，在北部可以住在我家，我現在的地方較以前好些，而且也有地方可以住，這方面您可以放心去做。

另外在編輯方針，我們不要顧慮人情，如果朋友們不瞭解我們，我們可以不必太勉強別人了解，如果是好友，我想他們會把好稿子給我們，捧我們的場，如果總是以劣壞稿子來搪塞我們的友情的話，我們只有犧牲這份友情，至於對他一面地奉承他，而今後您在那裡工作時，我也希望您重視稿件而輕視人情，否則刊物的品質不會有進展，最後

4

穎：

讀過來信，不知您自己覺得是否舒暢些，我，在期盼著。

請您順便把學會文友們的一卷帶，把那信用給他，有一位同學們交託了，不知他是否已停刊，但算去，同時請他送給同學一副對聯，或其他的東西，因為是這一位很有才華的學生，而且又是常常寫信，特此隨函附上聯語的信。

何時北京去參觀。

中九劃
元．十七．

1

潁：

不久之前曾給您寫過一封信，但至今仍未獲得回信，這可能是您沒有收到，也許是郵資突增，而又讓您陷於缺少郵資之故。無論如何我應該寫這封信給您。

您前來信說，向香曾到彰化數日請與您見面。盼告知情形一二。

復興廣播月刊之編輯部[illegible]來台閒談及出版若干人詩選，由各作家先付出部份出版費，然後由復興廣播月刊社出版，出版後將由該台報導新聞節目中宣佈出版消息，以及義務廣告等，而封面製版以及內容排印都可能比其他出版商低廉，這樣每人可能有二百元左右即可（如果以十個人為限的話）不知閣下有何尊見。

南部曾有《十家詩選》，但在北部仍未見到該選集，不知您是否擁有此書的呢。

[illegible]杰小說作家，來我家小住數日，談了很多，在我書架上，他發現了閣下大作《當代中國名作家選集》，他極喜歡它，他回去後來信說極願意認識認識您以及您的大作，如果您

那裡因有存书的話，他希望您擲送一本給
他，不知閣下意见如何，請告。　　2

劉杰地址：湖口郵箱7750-2號

文藝列車復刊情形如何？出版後請寄
二本來，因為劉杰亦要一本。

最近有詩嗎？我極希望能讀到您的詩
小說及散文。香港自由報極需要小說和散文、小說
及短稿，如果有作品不妨向香港投稿，目前最
緊要的是稿費高，非名望。您想如何？朋友！

我目前完成一篇用詩的體裁寫小說，這種
寫法在目前是空前的，但能否被新詩社採用，
尚待考驗。不過我已與復興廣播月刊社
主編談及此事，他可能用我的稿。我想明天整
理好以稿寄去。不多談了。祝

文安

[illegible]
August 18. 60

自由報社址：香港銅鑼灣
高士威道20号4樓

丁穎先生：

您好。

[illegible]

[illegible]

[illegible]

[illegible]

[illegible]

[illegible]

[illegible]

[illegible]

2012.8.10

丁穎兄

關於對我的詩的選擇，現收得包括你在內的七人的意思。其中自己是詩人的四人，不寫詩的賞讀者三人。女士三人，男士四人。在台灣及在大陸的各三人，在美國的一人。有一人選到了十八首，一人選到了十五首，一人選到了十一首，另四人選十首。有一人要看到了1986年版《冬草詩集》。共被選的有四十七首不同詩篇，得票情形如下：

(1) 六票：去故鄉。

(2) 四票二首：神木、中國書法字的曲。

(3) 三票二首：回家的路上、靜夜。

(4) 二票十九首：謁孔子墓、登長城哭、異端的變奏、寄留、憶宿、青果、野草、醒悟、牧神、遺書、燃燒、心願、情緒、低吟、命運、詩魂、自由詩、在山之巔、登帕米爾高原……

(5) 一票者二十二首。

你選的十首中有九首超過一票。

承詢謹奉聞，聊供一笑。

祝好

謝上 2012.8.2.

我搬家的事尚無着落，台中生活機能方便的地段房價如何？

丁穎吾兄：

附寄文訊至：封大作評介《散文世界中的遊牧者》乙文擇期刊出、諒實因稿件太擠、故再延一月刊出、請勿掛念爲禱。承　循乃汲兄北來公祭，並致奠儀、頗爲感動，特再致謝。兄爲台灣文壇老將，是學者也是名作家詩人，倘能再揮椽筆，寫出驚人傑作，鄉弟拜讀也。專此　敬頌

撰安

弟　[illegible]劍　拜上、二〇一三、二、一於北市

載澄吾兄：

我經思慮，終于寫成「散文美學的游牧客——丁穎」，約三千餘字，將於「文訊」月刊發表。（其中特提出「秋」文的創作境界）經上次所託找尋「拿破崙」有關的拿破錄音帶，遍找未獲。拙著「玫瑰書簡」散文集，尚有存書，可在兄出席「九九重陽聯誼會」時帶來，以便友人索求閱讀也。餘再敘，即請

撰禧 並頌

嫂夫人康健安

弟 [illegible] 拜啓 一〇一年 九月廿七日

幻翁：

歲暮風寒，老病交迫，帶此孤島，倏忽六十餘年矣！每讀兄「冷藝詞」，常不忍釋手，因璣珠佳句，深獲我心，蓋你我皆生此戰亂之世，所遭遇者相同耳：你我來此均值青春年少，如今都垂垂老矣！昔日故交相繼凋零，日前三月詩會老友童佑華過世，給我感觸良深!!

日昨整理舊籍，得此六十年前殘稿，讀之再三，而舊友都已作古多年。此二詩乃寫當時實情心境，雖用舊体，但用韻未依舊詩之嚴格，而用口語自然韻。諸如二詩起句皆用八庚韻，而鴻、行、晴非庚韻，鴻為一東，行而是敬韻。我常認為文不能以詞害意，而寫詩也應不因韻害情。此為我之淺見，我兄舊詩詞造詣皆深，望有以教我。匆此順祝

吟安

丁穎拜啟

一〇二年元月

於台灣客鄉

詩人台客往來書簡

2012 年 12 月台客至重慶參加西南大學舉辦之第四屆國際詩學名家論壇，與武漢知名詩評家古遠清攝於小三峽船上。

2012 年 12 月三月詩會成員，台客、林靜助聯袂至重慶拜會重慶老師大教授黃中模（左一）。攝於「南泉抗戰遺址」前。

台客、林靜助、傅予三位於 2012 年 9 月到福州參加“赤子情”大會。

台客先生吟席大鑒
威名久聞，心儀雖承
教不多，每詩讀
佳構，不少神來，亦可謂匪淺，亦蒙
惠示曉柳兄詳介拙作，榆柳
與珊瑚之一文將刊載於
先生主編之葡萄園詩刊，復承
見貽

大著「石與詩的對話」

高誼隆情，曷勝感荷。我國

詩人愛好雅石，誠如

閣下名言「石上有清音」，元章拜

石傳為千古佳話，欣聞

高齋收藏精品甚豐，期能

續大開眼界為快，專此祇頌

吟安

弟 鍾鼎文 拜啟

台客老師：

您好！

寄上剛出的詩報，

您的大作全之生色呀，

感謝！

聖誕剛過，新年即

將來臨，衷心祝您：

蛇年吉祥如意，

美滿幸福！

文榕便箋

文榕

25/12/2012上

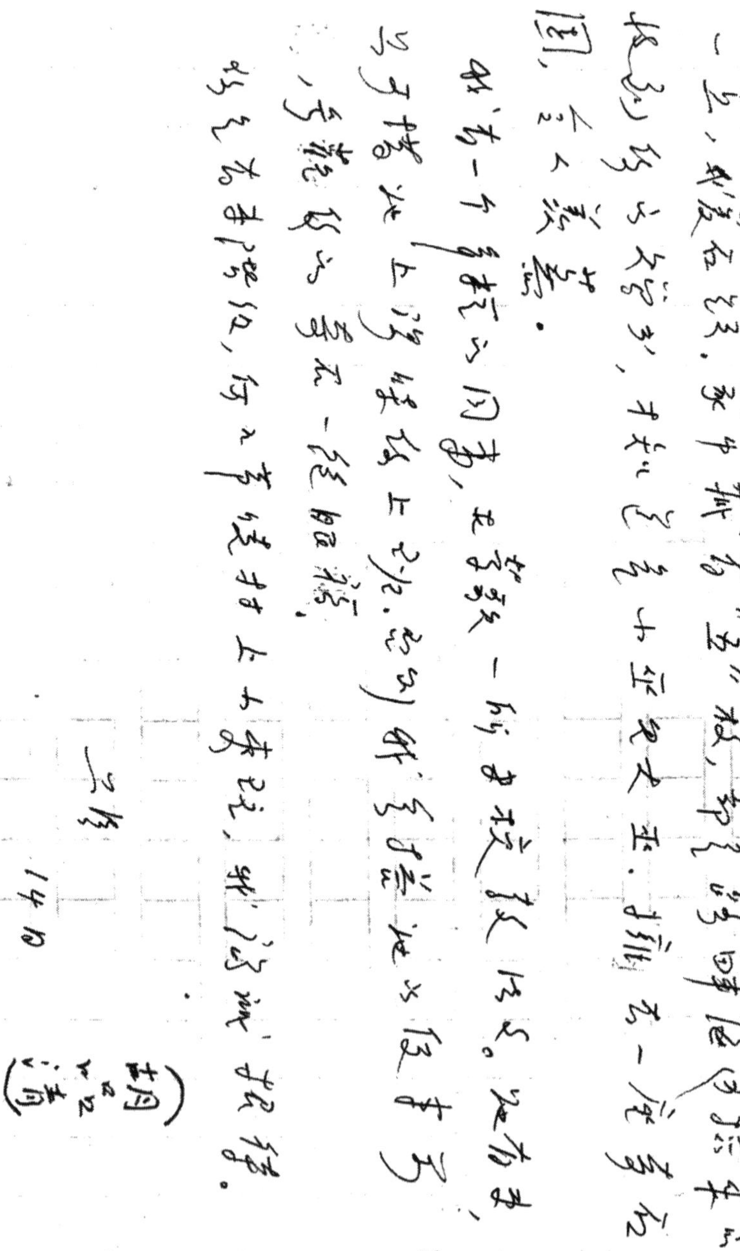

台客小友，

一直，我愛石頭，家中擁有"五"枚，都是路畔隨手撿來的。[illegible]

[illegible]

胡品清

14日

秀穗、台客二位先生：

你们寄来的照片我都收到了。这次在深圳与你们二位同游实在是平生快事，可惜旅途安排太紧，且又疲劳，没能与你们多谈些话。希望今后能再有机会，在北京，在台北，或是在中国的其它地方。

台客先生的诗稿不敢相忘，只是现在是学期末，各种活动太多，没有时间坐下来，再过些时吧。

替我问候葡萄园的各位诗友，祝葡萄园越办越好。

谢冕上 99.6.17

石与诗 （云南）晓雪

——给诗人台客

台客爱石、藏石，被称为"石迷"、"石痴"。请我们到他在台北县莺歌镇的家中参观他的"藏石馆"。馆中奇石千姿百态，异彩纷呈，多数来自祖国大陆。他为每块石头都写一首诗，赠我一本专门咏石的诗集：《石与诗的对话》，并题字："石上有清音"。

用眼睛去品读，
从一块块石头里，
你读出了无穷的诗意，
你读出了不尽的哲理。

用心灵去倾听，
从一块块石头里，
你听到了神奇的故事，
你听到了美妙的旋律。

诗融入了石头，
石头都变成诗，
你悟到了宇宙的神韵，
你创造了永恒的意境。

台客兄：

日前寄上致麦穗兄与你的信，并照片一帧，谅已收到？

前些，曾接到麦穗与你寄到京来的照片、资料。

今接来示，知《葡萄园》欲用我在益阳发言的前半，约800字作信，谨同意。

祝好

葡萄园不断丰收。

谢冕

（謝冕）

1999.6.20

台安：

謝謝你寄的照片，拍得很好。這次和大嫂一塊兒作山水遊，十分愉快，我少有詩要寫。因我兩年來，檢查又未實驗，勞加重令又薪體制課，前晚才返北，一時尚未提筆（月迭不少雜事待清理），一旦落筆成詩，首先寄上給你，請放心。

附上羅門八百字詩論，祈正。

順頌

編祺

愚弟[illegible]手啟

七、十五.

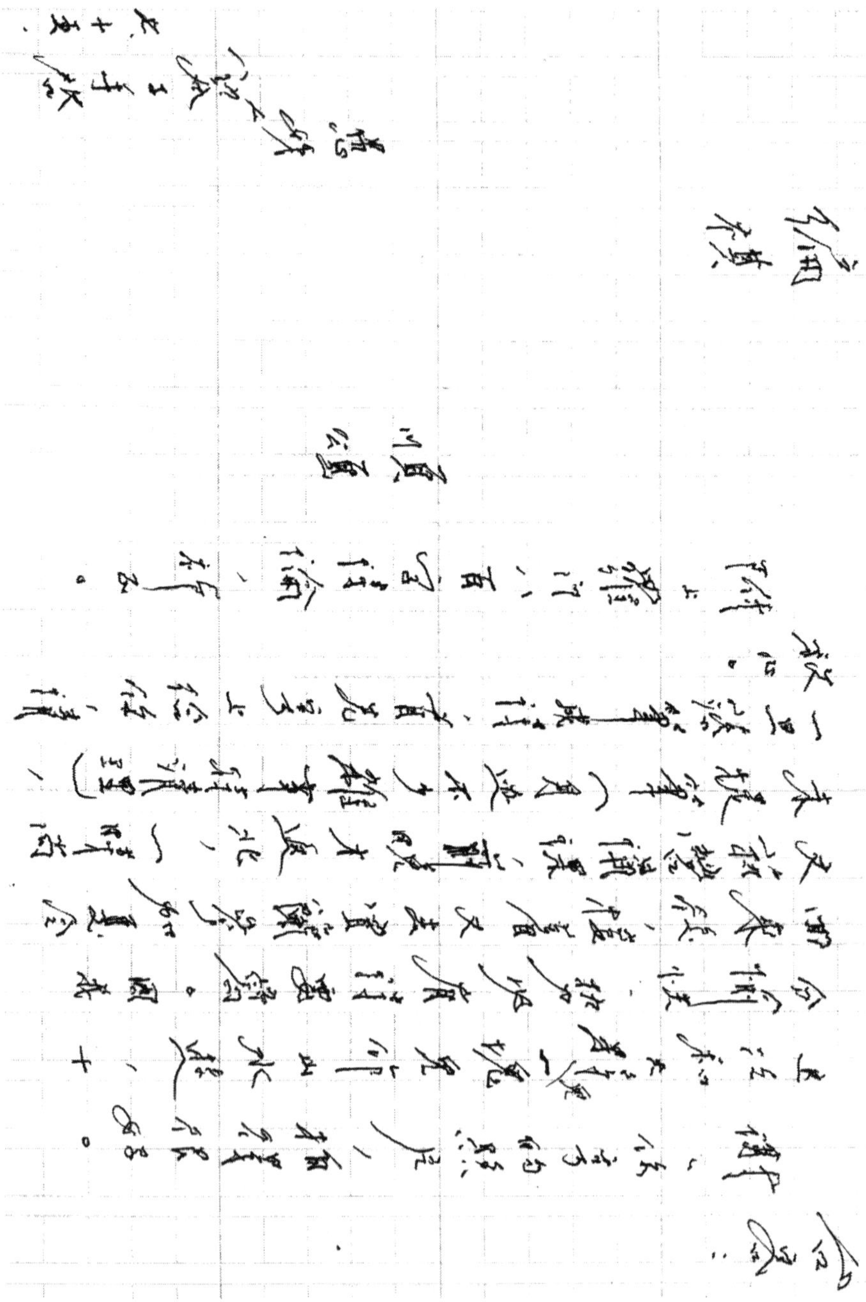

台客兄：大作及照片收到，謝謝。

寫景詩六首，除詠頌大自然之美妙外，亦含地理奧義和歷史情懷，尤其是那種身在中國的感情，令我敬佩。詩作通暢亮麗，寫景而有題，且多佳句，尤其是「雲沙飛疊浮浮迭首中封」「迭」字的運用，真可謂「神來之筆」。

照片所顯示的是景美極佳，美極了。

寄上拙詩，聊表敬意與謝忱。並祝

文祺

[illegible] 九三、八、廿八（魯蛟）

金筑兄：

彷彿是「靈犀一點通」，我已謄寫完畢，正準備裝寄時，你的通告也來了！

最近是因為趕寫一篇文章《浴火的鳳凰：試探辛波絲卡的「詩」路歷程》，寫了一萬伍千字還是依然心猶未盡，因為很的時間上涵蓋了四十年，談及波蘭文字，則不得不回顧波蘭被分割、被肢解的苦難歷史。雖然辛波絲卡詩作的數量並不豐，但從數百首中淬練其風格轉變的歷程，真是費盡心思。這篇文章將於下期的日發表，屆時敬請多多指正。

《回到人間》是一首相當感動人的詩，詩人又是一位在美國壇嶄露頭角的華裔女詩人，其作品散見各大報刊，及年度詩選中。能在《葡萄園》發刊，真是爽！

謝謝你，並祝

編安

宋穎豪

六月廿日

台客先生和夫人：

蛇年駕到

喜氣洋洋

歲月悠悠

我們又老了一年

恭祝新春快樂

家庭幸福

恭祝平安健康

如意吉祥

恭祝葡刊永葆青春

詩途輝煌

王小鹭

敬贺

2013年1月

高高的緯度啊長長的風
吹來一個遠遠的过客
兩翼还帶着塞外的風霜
和江湖傳說的联想
無边的秋色攔你不住
雲程迢迢是幾千里路呢
但願迎你的是美味的蜥蜴
是蛇，是昆虫，不是獵者
是南方自由的晴空，只為讓你
帶着温暖的記憶回去
「我到过一個，哦，可愛的島嶼」

右「灰面鷲」一首抄贈台客

余光中
82.5.12

中国《诗海》诗刊编辑部

台客主编：您好！

特寄去《诗海》，请指正！

随寄去我刊总编叶春秀等四人稿件，每人在贵刊上登上一首就行，十分感谢。需要版费，可让他们负责。

尚希您寄稿来，我刊下期刊登。

此致

祝新年愉快！

金土

2012、12、27

地址：辽宁省葫芦岛市绥中 118 信箱　邮编：125299
电话：0429-3657052　15898271473

台安：

能接到您的信，令我十分感動，這短短的相處，淺淺的相識，竟能換來您如此多的關懷。這是上蒼的恩寵，我的幸運。

我的病是大家公認的，「可怕」的病。以前，我也很怕會有這麼一天，如今真是碰上了，反覺得淡然許多了。至少我還能維持心情上的平衡，能吃能睡，當然，我也做了一些安排和打算。目前我是中、西醫並行，情況還算可以，只是上回感冒，退化了許多。中醫說，絕對不能感冒。因此我就只好格外小心了。近月狀況較佳，情緒也算穩定。想想五十歲走和八十歲走，不一定是那個有福，當然，我並不洩氣。我在平心靜氣中，努力的保護自己。希望有一天，仍能和大家一起去玩玩。就此打住，謝謝您

祝福你們全家
幸福快樂！

（林玲：李春生夫人）

林玲上
83.5.15

曉林兄：上次來信，因之前在蘇州被扒走美金六千四百元，在當陽時口袋空空，結果在衡陽街永久破費，永不能忘。

在網路上讀了一份「金根軍詩月刊」，上次多謝你寄十篇，順便要他寄詩來。其實詩刊在網路出版，台灣詩人看不到，總不好意思叫他要稿。要久的詩，如果手中有稿，也請賜寄，以免麻煩。

我已引發了，寫字時手發抖，請勿見笑。

寫字已不方便，再聊

祝

春祺

謝青 [illegible]

（謝青）

中國作家協會雲南分會

台客兄：

寄来照片收到，谢谢！

我回来后写了一首诗给你。

在一篇散文和我即将发表的《访台日记》中也提到去你家小坐及这首诗。

欢迎你有机会来云南一游。

问夫人好！全家好！

晓雪

2001.7.4.

01—83.10

和「江南」 （南京）洪橋

江南雨
一絲一絲的晶亮的
像小姑娘的美髮

江南霧
一片一片的輕柔的
像美人肩上披霞的紗巾

雨霧中的六朝古寺
還有多少座存在呢
千里鶯啼綠映紅的美景
依然一還是一道靚麗的風景綫

台客兄：
我的眼睛快要全盲了，我只能寫這首短短的詩。
祝好，盼將「芒」上的詩與攝作一送我，這是一次有

山西日报社公用信笺

台客兄：

您好！拜读了您的杂记、小记、補记等三记，覺得十分有意趣和文采。今中午已与《河东文学》主编李云峰联系了，他答应在今年第六期（双月号）刊出"杂记"。因其中一两篇与他办刊要求有点相左（照片一篇、郑州人一篇），故取出这两篇待发。您的诗大都与运城

山西日報社公用信箋

或山西有关，所以，全部可以在山西（或运城）主办的报刊上刊发。這事就交給我了。刊发后即寄去报刊，如有稿费，则奉上。

近几天休假，我为"庆贺五十年"葡萄园"诗奖"写了一首诗，当按规定寄发。暂搁笔。順祝

編安！

管喻

2011.10.6

DJ：37×22000

台客主編：

你好！

《葡》刊在沒有公家分文補貼、全靠自费辦刊的情况下，堅持五十年，而且越辦越好，影響越来越大，已經成爲新詩的一面引路的旗幟。你们的貢獻、付出的努力，自在不言之中！我能成为《葡》刊几年來的一个讀者和作者，感到非常榮幸！

我有一点建議，謹供攷慮。《葡》刊舉行小詩競賽活動很好，但不必發獎金。不發獎金大家（絶大多數）都會樂於參與的，如編輯部以前搞的"我最喜歡的一首詩"等徵文，盡管無獎金，來稿不就很多嗎？何況你们是自费辦刊，用錢的地方又很多。

祝快樂！

李午

2012.10.8

台客主编：向候了，代问夫人好！

今年收到了赠送的诗集非常感谢。我在我市民医院中医科用了两个疗程，每个疗程20天，针灸和吃中药同时进行，现在手也不抖了，整个身体也不抖了，写字正常。送上新春的祝福，祝每年利利，合家安康，诗意天天。

铜陵：万島

2012.12.26

① 重庆出版社

台客主编：

葡萄园五十周年诗选《半世纪之歌》和一叠稿纸收到。您和赖益成等葡萄园的同仁们辛苦了。

但翻阅诗选之后，作为一个年近九旬（2012年12月30日，1923年12月2日出生的我，即过完89岁的最后一天，进入90岁的）的新诗爱好者，我觉得您们的辛苦是值得的。在2012年10月10日，我特地向樊平先生汇去三百元，请他代我再续订《葡萄园》三年（2013—2015年），仿佛老而多病的我，为了诗的爱好，上天冥冥中还会让我多活三年似的！

正如您在《半世纪之歌》编选前言中提到的，大陆的洪桥（他和我是抗战时期复旦大学新闻系的同学）、王尔碑（她小我三岁，但写诗上是我的诗姐）、朱兆瑞（他是重庆有名的诗坛伯乐，比我年轻，诗作却远多于我），都属于那种"只要有一口气在，就不轻易放弃诗笔"的爱诗者。这些人都会永远感谢您们的！

CH002·122·912

② **重庆出版社**

的确，我也还在读诗、写诗。2012年4月15日创刊的重庆《中国小诗苑》第二期上，"夕阳之韵"栏（10月15日出版）就刊出了我今年九月写的《望九老人静夜思》，这是我最近的新作。今天附上的《香港印象》六首，则是21世纪初旅游诗作的整理改写（当时忙于编辑《小诗原》，此诗亦未及修改发表），现在出笼，也可算新作吧！

不断修改自己的作品，这是王尔碑的好习惯，可以有利于精益求精的提高。目前作品发表太滥，因此不少的小诗作者常向王尔碑学习此点，可惜我学到的不多。

我是1937年14岁时由川北乡下转学重庆读初中时接触新诗并爱上新诗的。1940年读高中时组织跨校际的"突兀文艺社"，从此写诗、编诗。1981年到重庆出版社文艺编辑时，主编"银河诗丛"6年共24册，算是以编诗为职业。1989年66岁离休后，作民间诗刊《微型诗》、《小诗原》又近廿年，真可算老诗歌编辑了。此生无悔。

祝健康、长寿！ 穆仁

2012年11月29日 重庆

四川文艺出版社

台客兄：

你从台湾来电话，我散步去了，由我夫人邓代芳接了电话，你关心我的病情，我感谢不已。

我在病中，读到了一本诗集《家园乡》，印象颇佳，无法表达，一直拖到出院后的今天，我才简复了一封信，信写好才发现无法寄走，因为信封早被我丢弃了。忽然想到这本书是你写的序，而且剑心客的名字在你五十年诗选中出现过，我只好把这封信寄给你，请你转寄，当然，三言两语的评论也可以刊登，就看你的兴趣了。

仍然是三言两语，再写就吃力了。

祝你蛇年快乐！

木斧

2013.1.23.

【恭賀新禧】

Wish You A Happy & Prosperous New Year

古客前輩尊鑒：

歲末新春將屆、

萬物昇平之際。

在此

祝福您：

萬事如意

新年快樂

好詩連篇

末學

子青敬上

101.12.23

台客老友：

《三月采風》已經收到，謝謝！

我目前拔了五顆牙齒，講話漏风，这就是为什么我沒法打電話給你。醫生說：需四個星期方能將假牙做好及調整好。

謝謝你的好意，三月份的詩友會我沒办法參加，請代向我認識的詩友问候。此番回來曾與新竹的老友郭光仁聯繫過，他說花蓮的陳錦標也過去了，他是《海鷗詩刊》的創办人之一，而且比我們那夥如朱夫喜、路衛等年輕多了，竟隨风而逝，實出人意料之外！請大家多多保重！

祝

好

馮忠良

2013/02/22.

台客老兄：

《三月采風》已經收到，謝謝！我目前拔了五顆牙齒，講話漏风，这就是为什么我沒法打電話給你。醫生說：需四個星期方能將假牙做好及調整好。

謝謝你的好意，三月份的詩友會我沒办法參加，請代向我認識的詩友问候。此番回來曾與新竹的老友郭光仁聯繫过，他說花蓮的陳錦標也过世了，他是《海鷗詩刊》的創办人之一，而且比我們那夥如朱老喜，路衛等年輕多了，竟隨风而逝，實出人意料之外！請大家多多保重！

祝

好

馮忠良

2013/02/22

恭賀新年

《佳節愉快・諸事順利》

HAPPY NEW YEAR

台客前輩您好：

農曆新年即將到來

晚輩在此

敬祝您

新年快樂

新春如意

晚輩

陳冠宇 敬上

2013.2.6

SEASON'S GREETINGS

備註一：晚輩有時會至花東地區的海邊、溪邊走走，順便也會撿一些美石來欣賞（這些石頭，有總統石、台灣藍寶、血絲碧玉、虎斑碧玉、年糕玉、玫瑰石、花紋石……等等）。如果前輩對於台灣特有的美石有興趣，則歡迎前輩與其同好們，和晚輩聯絡，以欣賞、交流這些美石（這些美石，是奇石，是雅石，也是寶石）。

備註二：晚輩的聯絡電話為：(06)2023267

備註三：大陸昌化雞血石、緬甸翡翠原礦（石），晚輩亦有珍藏。

台客老弟：

本年回台度春節，讀到你們賀節卡及卡片上的話語，十分感謝。

在美國十分孤獨，無事可做，乃去寫一本回憶錄打發時間，不成氣候。

我大約在五月初返美，約停留三個月。這期間要做体檢及整理牙齒。尤其牙齒十分惱人，需幾個月方能做好假牙，因此"門面"不好難以見人。

你們都好吧！希努力創作，更上一層樓！
再次謝謝來信！

祝

編安

馬忠良
102/02/14

台客兄：

祝福您和薛云嫂子的2013：新年快乐，吉祥如意，幸福安康！

去年9月到台湾，尤其是高雄之行，得到您和嫂子的热情款待，那份情谊至今缠绕心头。走过的是岁月，留下的真情，在世道喧嚣的今天，尤其显出真情可贵。

有机会你们一同来大陆玩啊！

谨祝愿：祝台客兄诗情勃发，嫂子健康平安，公子相亲美满，你们全家的生活红红火火！

洛萍妹

龙年岁末

台客兄：

祝福您和薛云嫂子的2013：新年快乐，吉祥如意，幸福安康！

去年9月到台湾，尤其是花莲之行，得到您和嫂子的热情款待，那份情谊至今缠绕心头。走过的是岁月，留下的真情，在世道喧嚣的今天，尤其显出真情可贵。

有机会你们一同来大陆玩啊！

谨今后：祝台客兄诗情勃发，嫂子健康平安，公子相宜美满，你们全家的生活红红火火！

治年妹

龙年岁末

詩人關雲往來書簡

開心的關雲（中）

關雲（右二）與文友

2008 年 2 月在醉紅小酌。左起：徐世澤、潘皓、關雲。（徐世澤提供）

桃源宗姊：

您好！心脏动手术后要特别注意疗养。手术后一切正常吗？十分挂念。

"全家福"是今年三月十七日劲松回家临去日本前一天照的，照得还不错。现寄一张给您作纪念。照片分三排，分别如下（从左到右）：

第一排：孙女方榕，外孙女张娴。

第二排：次子方劲松，方航仙，杨秀珠（妻），方承红（女儿），王婷婷（大媳妇）。

第三排：三儿子方劲竹，长子方承东，女婿张泉龙。

今年每周8节课加文学所工作，仍然繁忙。你们的诗歌评论仍无时间动笔。但一定会写。

寄一本"巴金先生百岁华诞特刊"给您，请查收。

黎明大学巴金文学研究所方鍼
福建省泉州市中山北路

方航仙
2003.3.30.

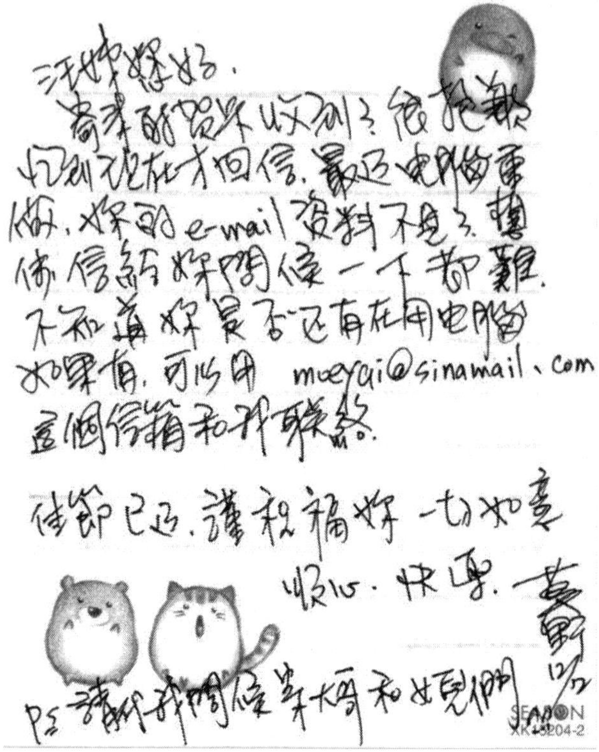
汪姊姊好，

寄來的賀年收到了，很抱歉
收到現在才回信，最近電腦重
做，妳的e-mail資料不見了，連
寫信給妳問候一下都難。
不知道妳是否還有在用電腦
如果有，可以用 mueyai@sinamail.com
這個信箱和我聯絡。

佳節已近，謹祝福妳 一切如意
順心．快樂．—莫野
12/2

PS 請代我問候吳大哥和女兒們

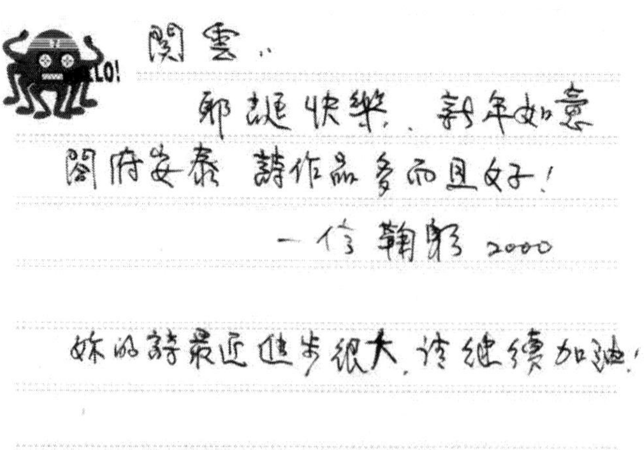
閔雲：

耶誕快樂、新年如意
闔府安泰 詩作品多而且好！

—信 鞠躬 2000

妳的詩最近進步很大，請繼續加油！

HONG KONG THEHALL OF FAME BIOGRAPHY CENTRE

汪桃源閣下：

由于您的聰明才智和探索精神，創下了不平凡的業績，在社會上特別是在世界各地的華人當中產生了積極廣泛的影響，爲此，本中心將您的業績編入《世界華人風雲人物傳記》一書中。并榮獲：

世界華人風雲人物大奬

特頒此證，以志勞績。

(香港)世界名人傳記中心
2000年[illegible]月1[illegible]日

THEHALL OF FAME BIOGRAPHYCONIRE HONG KONG

Your Excellency:

Because of your wisdom anel explore vigour made unordinany works. In world you have great cmd extensive influence in overseas chinese all of world. So our center will edit yourname and your works in CHANGEABLE SITUATION OVERSEAS CHINESE OF WORLD BIOGRAPHY You glry:

CHANGEABLE. SITUATION PEOPLA
OF WORLD PRAISE

So you uas sent out this praise for your works.

THE FAMOUS PEOPLE OF WORLD
BIOGRAPHY CENTRE(H. K)
__ M __ D __ Y

关雲诗友：

新年快乐
好梦成真

樊洛平
拜年

200年岁末

又及：

从《葡萄园》诗刊上，经常拜读到您的大作，愿您创作丰收，诗艺更上一层楼！

關雲先生大鑒：

從蘇勇處讀先生詩若干，其一已發表在我編輯的《僑聲報》《萬家燈火》版，料蘇勇已寄樣報，請費心查詢，尚請鑒諒！

曾勇先生大略為同時代人，六六年西南師院中文系畢業，後從事編輯，教學工作，今已退休，應聘在晚報工作，編有《讀書》、《百味人生》、《萬家燈火》、《麗谷風情》諸版，寫出雲好，因有所寄，雖不能暢所欲言，時亦看人眼色，但亦樂在其中，聊慶先賢耳。

昔從教之年，亦積近瀚墨，

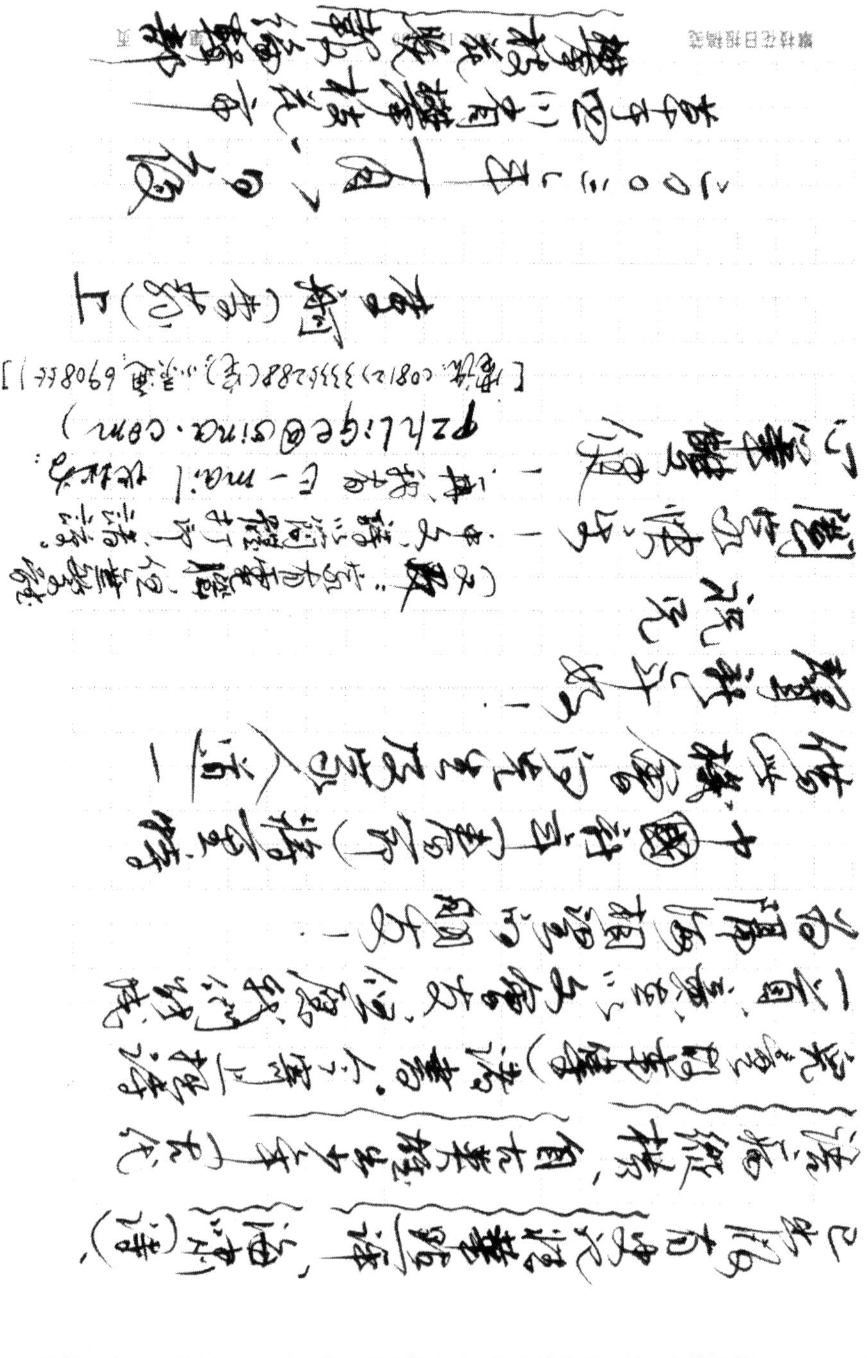
攀枝花日报稿笺
E-mail
pzhlige@sina.com
【電話：(0812)3336288(宅)；小靈通：690855】

泸州市纳溪区文化体育广播电视局

汪桃源好友：全家好！

您去年十二月初寄来的"美丽的玫瑰花"贺岁卡春节前我就已收到，因佳节期间忙于全区的迎春摄影大展和其它镇事繁务，未能及时回音，敬请见谅！

我女儿去年考上大学——四川师范大学电影电视学院"播音与主持"专业，思想负担是小一些，但经济负担却更重了，学费较高。

随寄我昨晚赶写的拙作，作以纪念，敬请指教！

四川泸州市纳溪区文体广电局

叶永兴 敬上

2003.2.24

我已于前年从宣传部文明办调至区文体广电局工作。

桃源：
近來好嗎
因精力、体力
如前，所以總
過閒閱的日
上班，很少出
界或友人接
杜紫楓

2关云同仁：

來函敬悉。

妳考慮后決定仍留在葡刊的大家庭裡，相信妳的決定是正確的。

也期盼2001年開始，我們的創作都有長足的進步。

台客
12.20.

汪女士好：

郵訊因為俗事纏身，總是誤了回函的班車時刻，想必相知相惜，必不見怪，

今年的寫作，以乏善可陳，會繼續加油，但是內人純韓前陣子又得獎了，等有好作品，再一起寄給妳

邁上了廿一世紀，希望妳闔府平安，心想事成，

最近又迷上蘇東坡，是他900歲冥誕前夕，抄錄他的名句，與妳分享：

竹外桃花三兩枝
春江水暖鴨先知
蔞蒿滿地蘆芽短
正是河豚欲上時

草此 並祝

恭賀新禧

新年快樂

友 林思芳 敬上

TEL 22006725

89.12.19

RIVIERA
Hotel & Casino
The Entertainment Center
of Las Vegas
The Alternative for Grown-Ups

閔雲：

聖誕新年快樂！！

最近替北市文協學生改作業，弄得甚久，更遑論出書，唉，出書談何容易？

吳恩 賀

2100 Deluxe Rooms and Suites • 5 Award Winning Shows • Six Unique Restaurants
Room Reservations: (800) 634-6753 • Hotel: (702) 734-5110
Show Reservations in Nevada: (702) 794-9300 • Outside Nevada: (800) 634-3420

汪姊您好：

很高興收到您的卡片，以前認識的詩友不知道如何了？我還有跟張齡玉聯絡，她現在也是三個小孩的媽了，時間真快吧！詩以後還是會寫的。

星期天半夜才從美國回來，現在是樂於工作，也許明年又會去唸博士班，大約要等生活比較沒有壓力時，才會有閒情再寫詩吧！祝

快樂

新春如意
歲歲平安

吳隆鑫 敬上

2000.12.20.

親愛的關云好友：

謝謝妳送贈的溫暖的

祝福在這寒冷的冬日寄來

願我們的友誼天長地久

更祝妳：萬事如意

事事順心

好友 向毅 2000.
12.18.

P.S. 我於12.17日晚自杭州返台，
但臨前因氣候不佳（杭州太冷台灣
太熱）以致感染重感冒，聲音嘶啞。
等1.2日後，我會去電話與妳連絡，
好嗎？

向毅 又
12.18.

【恭賀新禧】

Merry Christmas & Happy New Year.

閨雲姊：
新年來臨，
願 紛擾煙消
虔誠祝福您
心想事成
平安如意！
淑麗敬上
二000年之冬

富貴花開迎新春
年年有餘慶吉祥
MERRY CHRISTMAS & HAPPY NEW YEAR
願祝您四季平安喜樂連年

閨雲友：
上次寄的信，想必已收
到！我所說的有關出書
之事，請你放心，稿子放
我這裡，如果我們協會
要出書的話，我一定會
幫助妳的。祝福
詩意盈盈
欣心上 89.12.10

關雲老家人：

山河石答問・兼賀新年

現在流行石頭論
朋友戲問：
你是什麼石頭？來自那裡？
我是山河之石
來自山河　來自天地
視山河為父母
奉天地為祖系

朋友又問：
你的情感寄託如何？
我愛山河　敬天地
以山河為榮耀
以天地為寄跡

朋友質疑
難道你不愛這裡的土地？
山河與土地　互為依存
是不可分離的整體
我屬於山河
自然也屬於土地
只是在這裡
我獻身於高樓大廈
變形為被敲碎了的小石子

朋友不免感歎
然則　你可想到將來的歸宿？
人　在天地之間
最終　不論歸於泥土
或化為雲煙
只要無愧於山河天地
甘之如飴

文曉村拜上
二〇〇〇.十二.廿三.

汪老师：

早到的賀卡，帶来早到的祝福；今用同等份量的祝福回饋，希望你天天快樂！

孫如陵 二〇〇〇年十一月二十九日

台中縣八十九年度

彩筆畫故鄉畫展

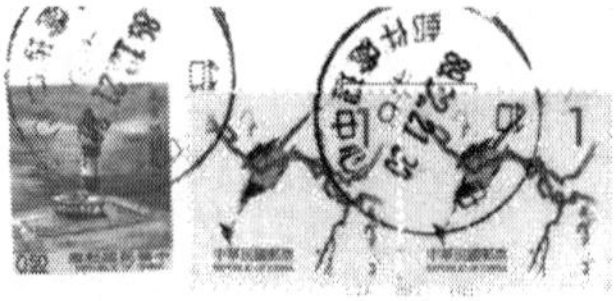

231

台北新店市

安康路2段206巷2弄4F

閔雲　詩友收

秦嶽

歡欣慶賀　世紀太平

台灣・台中縣太平市大興13街116號

秦　貴　修

閔云詩友：

好久不見！拙著

"邱平詩抄"能順利於

年底（在大陸）出版，

當首先奉贈乙冊 請你

雅正！順祝

新年快樂！

邱平 2000.12.5.

大作"殘冬"和

"点点灯光"已拜讀

願

再接再勵！

靈思泉湧！

又及.

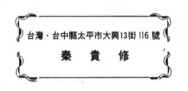

關雲女士：

2001！

花開春富貴 竹報歲平安

摯誠祝福新年平安如意

With best wishes to you for a wonderful new year

万新。
賀卡，還要
最先收到

張默
2000年12月27日

關雲：

寄打字好的樣書給妳看，有三種字體，看妳要選那一種字體比較好。我用鉛筆寫的三種，妳要選那種告訴我，我再跟出版社的老闆說。就是這種迷你型的口袋書。至於費用多少，等打好了書再研議。祝

如意

欣心 上
90.3.20.

桃源，

謝謝妳的卡片及問候。
我已於公元2000年元月22日
與那一位所愛的人公証結婚
了。現在是蕭雲龍的老婆。
相知相惜這麼些年（滿12年）
我向他求婚，他答應給我
一個交待，就這樣「送做堆」了
改天請妳喝酒（以茶代）
祝一切如意！

好友[illegible]夢 于 12/18 2000

P.S. 電話 29112606

2009年3/4已收到

關雲賢詩妹：

接獲您二月十九日芳箋，始知您曾赴台中榮總動心臟手術，至為懸念不已！您為何不再台北榮總醫療，因台北榮總無論在醫術與設備上均較任何醫院為優，而且您又住在北部，如在台北榮總醫療，是否在家人照顧下，也方便多了，是不？

據您在信中提及，又要施行第二波手術，愚兄 閱讀之下，更為牽念不已。祇以舊疾「痛風」纏身，右腳踝處骨骼已經變形，造成不良於行，因而諸多文藝性團体活動，除「中國詩歌藝術學會」舉行會議外，其他一律謝絕參加，即如《中國詩歌選》編委，愚兄 自本年也已退出；正因行動不便，愚兄 將不克在您第二波手術後，前去探望！尚請原宥。

最近半年多，愚兄 沉寂於倦怠症中，例如自去年五月底完成女詩人九十集後，便未再動筆！與友為大陸李小雨女詩人等十二集作品草稿，迄今也懶得抄寫，究為何故，也找不出原因，也許是年歲已屆耄耋之年，缺乏昔日之衝動了。

愚兄

玉希您第二波手術成功，早日復原，再度展現您創作才華，是為至盼！也會祈禱

上帝保佑您的平安，賜福給您，白首到老，更是詩壇上一大喜事。末了……

祝您

心想事成！！

長壽百歲！！

愚兄

劉建化 手書

民九十二年

二月廿六日。

关云前辈：

您好。寄来大作收到，已转报界朋友，但刊登诗人之作品在城市报刊发表比较有困难。而且好多报纸刊物都没有诗歌园地。

《地球村村诗报告》是我们自费编选出版的一个诗选本，不是定期出版物。

曾向新华书店公司邮购新书，但因书少均被拒绝，去武汉新华书店大门亦未寻着新书。今年湖去云南，临走来找到，以后有新的书，争取寄一些给您。

近来在写台湾诗人林亨泰的系列评论，预计写完。下一步拟评台湾诗人关于性爱的诗，如您收藏的台湾诗人诗集中有此类作品，能否请复印一些寄我，谢谢。

430090武汉市汉南电信大楼2-302室
江天

祝安健

江天 12月 晚上

2003.5.3.

地址：昆明市青年路298号　电话:(0871)3190888　传真:(0871)3176371　邮编:650021
Add:No.298 Youth Road Kunming City TEL:(0871)3190888 FAX:(0871)3176371 P.C.:650021

美云姊：

賀咭敬收，十分感謝你的祝福，我以同樣心情祝你全家聖誕快樂，新的一年好運，詩途更上一層樓。

承你垂詢，十分感動，我身体尚好，只是体質差，家務忙，難有佳作，有負你錯愛。

姊剛知天命之年，也是人生成熟，經驗豐富，精力尚旺盛之期，祝你佳作迭出，我翹首等姊新詩集面世。

人生真奇妙，你、晶一本是碧儀摯友，如今又與我結緣。各人性格不同，詩風亦各領風騷，有幸為友，尚祈求同存異，像愛護眼睛一樣愛護建之不易的友誼。正如我前贈你相思的題字那樣，詩與友誼地久天長。也像酒那樣，越久越醇香。祈盼有天和你、晶晶、碧儀在香江共聚咖啡。

恭祝

聖誕快樂，新年勝意

才鸞 敬上 2000.12.11

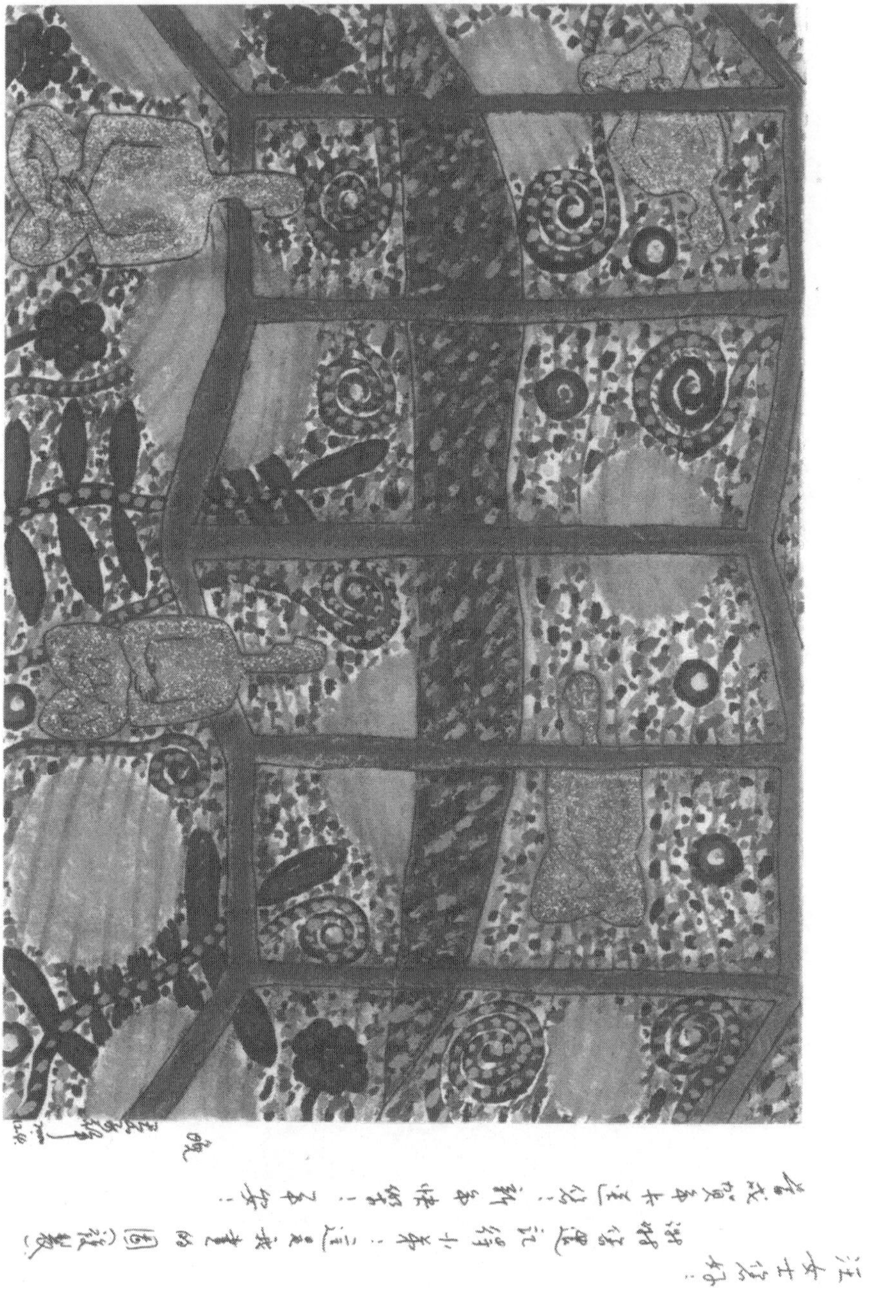

2007.06.30

荣誉证书

由于对中国当代诗坛的杰出贡献，以及在社会上产生的积极影响，经研究决定，兹聘请**关云**同志为《汉诗：二十世纪末诗群大观》一书编委/副主编。

特发此证！

《汉诗实验》编辑部

二〇〇〇年五月廿日

桃源：

收到賀卡，真棒！那幾節車的長串！我的心因此搖擺唱起「雪花隨風飄，花鹿在奔跑，聖誕老公公駕著美麗的雪橇……」，我也要趕快去買卡片了！妳對我許的願望一盼早出書，我也有願深埋內心，但覺還不可及，妳的提醒，我會牢記在心，努力再努力的！謝謝啦！這麼看重我！大概妳出書的感覺很棒，所以也要拖人入伙嗎？

近作兩篇，請多指教！

第二次風采書展徵文，咱們三月詩社正好可以慢慢找題材構思參加，OK？

祝

闔家安 哈哈

章瑛

91.12.3

姚漪：

收到賀卡、真棒！那幾節書的真早！我的
心回也提早唱起"雪花隨風飄、花鹿在奔跑
聖誕老公公駕著美麗的雪橇……"了。我也要趕
快去買卡片了！妳對我許的願望一明年
出書，我也有類似想法的心、但覺遙不可及。
妳的提醒、我會牢記在心、努力再努力
的！謝謝啦！這麼看重我！大概妳出書
的感覺很棒、所以也要推己及人是嗎？

近作兩篇、請多指教！
第二次原來書徵文，明年三月才截止，妳可
以慢慢找題材構思參加、OK？

祝

闔家安　哈哈

韋蔓
91.12.3

秋水詩刊創刊二十週年紀念稿紙

閔雲：

你好。

常在其他刊物如「世界詩壇」、「大海洋」上拜讀到你的詩，你的詩的風格好像也大不適合那些詩刊。

[illegible]、秋水的讀者。你如[illegible]，[illegible]來的已開始[illegible]後，秋水[illegible]的詩。[illegible]！[illegible]一邊，更好[illegible]。

謝謝你對閔，謝謝！

[illegible]

涂靜怡
2002年
10月3日

親愛的關雲：

你好。

來信收到了。知道你媽媽已遷居大陸定居，想把兒子帶去是最好的選擇。你有台灣，不能忘了。好好把這個關愛分給你下一代，我們每一個人活得更加快樂。

我媽媽的網路是不是很多時間可以，有時候，請你好好關心。

寄來的詩，只有4行，可能是像這樣短短的小詩，我好喜歡。

寄上書、期刊、記本，還有詩人節的合影，很難得。請你好好紀念。請多多保重！

一個朋友

我和同伴們7月26日去北京開會，然後再去青海、四川等地，8月4日才回來。

涂靜怡 2004年
7月9日

親愛的阿露：

好久沒見到妳，十分想念，
不知妳的近況如何？健康
嗎？有些子詩活動也見
不到妳，只是想念，只是
羨慕，寄上新一期的
「秋水」，寄上想念。

請保重！

涂靜怡
2006年
10月26日

靜怡便箋

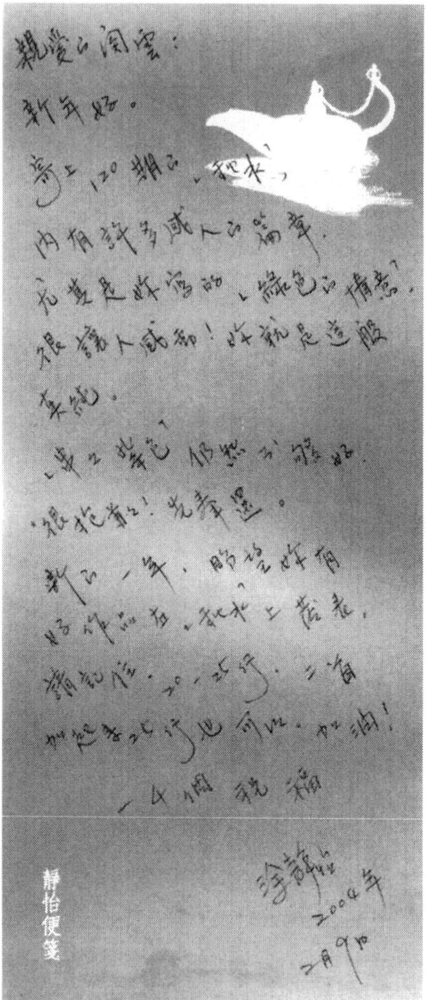
親愛的阿露：
新年好。
寄上120期的「秋水」，
內有許多感人的篇章，
尤其是妳寫的「綠色的情意」，
很讓人感動！妳就是這般
真純。
「步步驚心」仍然不夠好，
很抱歉！先奉還。
新的一年，盼望妳有
好作品在「秋水」上發表，
請記住：20～30行，二首
如超過30行也可以。加油！
一個祝福

靜怡便箋

涂靜怡
2004年
2月9日

關雲小姐：

聖誕卡收到了，謝謝。

我已遷址多年了，旧址為孩子與媳婦住。媳婦為妳們湖南老鄉，台大經濟系畢業，紐約大學碩士，現為某報記者。

值此歲末年初，順頌

向妳敬祝 闔家平安

新年愉快 身体健康

林齡 敬賀

一〇二年元月廿九日

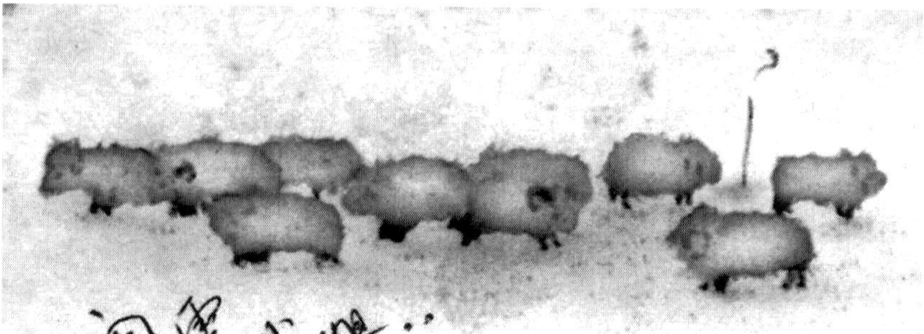

閔雲小姐：

妳好。

謝謝妳給我寫信，覺得十分溫馨。其實，寫詩，并不難，難在寫一首「好詩」，一首佳作，往往能引起很多的共鳴。我創作很少，主要是沒有時間，詩，不一定要寫多，一輩子有一、二首好詩傳下來就是福氣了。真的，寫一首好詩，很難很難，互相鼓勵吧！　祝　好　寄上84期的秋水，願妳喜歡。

涂靜怡

84.2.14.

(FAX): 86665176.

關雲詩人前輩妳好！

上次給妳忽略沒了連絡，我手邊有一本宗教及文學的生活散文体驗文集，想拜託妳的女兒幫我打字稿對並排版）、而羅曼史小說就只有八分期付款愛情（史）若妳也可以請她為我打字的話，豈不是更好（善念相心法）可否請妳為我寫序，或者拿去廣播電台擇篇播放亦可，因為我很忙碌所以我再將著作新本寄給妳好了，妳覺得（掌握妥當嗎？、最近我又著手草擬一本寫詩的成長過程及詩歌理論的想法，可能會再度激起詩壇不想成為絕唱，不知道妳萬事都還好嗎？、寄上我的祝福給妳、佳節溫馨愉快、

詩友

吳菲芝 敬賀

九十九年元月26日

大海洋文藝雜誌社
社址：高雄市鼓山區鼓山三路85巷5號
電話：（07）5219405

通知

大海洋文藝雜誌社
局版台誌字3975號
高雄市鼓山三路85巷5號

日期：民國102年8月30日（發文）

敬啟者：

1）本88期大海洋詩刊雜誌徵稿自102年8月30日起至9月30日止，特邀請名/貴 作家，各位同仁顧問們於限期內 將稿寄來本社，按期時出版，不另通知催請。

2）本期已收到的稿件計有：楊大-孫德喜 北大，武大-博士生，復旦唐金海，美國大唐灝，湘大-吳投文，王慶生，張永健，朱學恕，藍海萍，李玉，古遠清（大陸中國新文學專輯）文，靈歌，林明理，楊麗玲，楊美梅，王濟華教授，汪桃源，參穗，王全元，凌江月，曹峰，馬霖，麋鹿，吳苑菱，許水富，蔡忠修，方群，信，陳春華，丁文智，時傑華，畢華艷 等近四十家稿件。

3）87期出版（102年6月29日12時英雄館黃鶴樓）酒會（7000元）計出席：時傑華、李玉、羅海賢 郭新鑾、張航 、施雲仙、潘雷 、許寶來 、李優虎、陳識南、張忠進、唐隸青、朱學恕、薩琛、蕭蕭蘭香、李富弼、謝仲豪 、王全元、黃建東 等20人。謝謝。

4）87期同仁費計：
6/29：謝仲豪 繳：3000元，羅海賢：3000元，徐映基，范仁賢，林明理，楊政源，張泉增，藍海萍，時傑華，張航，潘雷，李優虎，陳識南，朱力民，蕭蘭香，郭鑾新，李富弼，洪德伸，張忠進 等各繳 2000元
朱學恕 繳10000元，靈歌5000元，李玉 1000元，許寶來2000 元
共 58000 元正。

5）民國102年6月17日20時通知計達。第4項不足55800元 由58000元沖銷本期盈餘2200元，留下88期用。

* 張忠進 另贈詩社酒 兩瓶

* 汪桃源 於 101年12/27 匯2000 元

6） 王發槐同仁 於本月19日1045病逝。 享年90歲，我與蕭蘭香於 病中探望三次，送水果禮盒，乳粉等並協助辦喪事，贈送2000元弔儀。蔡富澧致匯奠儀，並向遠春慰問。其妻患乳癌，
8/31 上午9:00 並參加追悼火化。女辭職在家休息，身体不佳，隣居現無往來。

順頌 時祺

弟

朱學恕

敬上

詩人狼跋往來書簡

狼跋在北京大觀園扮元春

左圖：狼跋在北京紫禁域
下圖：狼跋在日本北海道

William A. Bridges
920 Walnut Street
Franklin, Indiana 46131

Oct. 4, 1995

Dear France,

I keep writing in English in spite of promises to try more Chinese. I do not want to fall out of touch with you, and this time there are some special reasons to reply quickly. (It took a few days to get your last letter translated.)

First, I hope everything has gone well with the surgery, and that you will soon be back to work. You really must find some better way to get holiday time than having auto accidents, France. My translator interpreted you as saying that breaking a bone was bad, but that a three-week "break" from work was okay. All I can say is that if you can make English puns in Chinese, "you're a better man than I am, Gunga Din." (You may want to ask Fred Steiner to interpret that one.)

Don't feel you have to hurry with translating "Taipei Sunday Morning." I'm delighted that you are attempting it and can see the problems it would pose. But I know that you will not try to be too literal and will let your own good poet's ear dictate the Chinese.

Jon and Jun-yi Welch are coming for supper next week. We will have a meeting of "Gray Dawn Breaking" and think of you.

I'm glad you got a translator's fee. I will save mine for my next trip to Taipei.

More soon. With best regards,

Bill

William A. Bridges
920 Walnut Street
Franklin, Indiana 46131

Jan. 12, 1995

My dear France,

I intended always to write in Chinese. But this is a long process, and I cannot wait to thank you for the tape which came today and also for the beautiful translation of "Broken Weather."

My teacher here was greatly impressed with your translation and helped me work out the characters, so that I now can recite the poem in Mandarin. Maybe when I've practiced it I'll make a tape for you in both English and Mandarin!

I have listened to your tape and can follow it a little in the accompanying text. Thank you so much for your kindness. This is fun!

I will keep this short, so that poor Jon will not be swamped with work. (He can explain that "to swamp" means to let so much water into the boat that it sinks.) And next time, I promise, I will write in Chinese.

With many good wishes,

Bill

P.S. Thanks also for "Moonlit Bamboo" (晴竹) and for (I assume) Jon's good translation.

William A. Bridges
920 Walnut Street
Franklin, Indiana 46131

Dec. 1, 1995

Dear France,

You are a letter ahead of me, I think. Time for me to catch up.

I enjoyed your long letter of several weeks ago, with the poem and the waterfall pictures. My Chinese tutor translates your letters easily, but if you would like to try English that would be fine. In fact, it might be a good idea at least through January; Grace Fan (Fan Duo-ling), my tutor, will be off campus until the second semester begins, about February 1. Don't worry about mistakes in English---I make plenty in Chinese!

There is no hurry at all about "Taipei Sunday Morning." If you have just finished a novel (as you wrote) and are trying to get it published, you will be very busy.

I have some news! I will be visiting Taipei for a week next March, during the presidential election. I will be part of an informal group of academic observers. And of course I will get to the GIO and see you while I'm there. I have already written to Susan Yu to suggest lunch with the FCJ staff; perhaps you can come along with us. I will tell you more details when the schedule is firmer.

Jon and Jun-yi came for a visit several weeks ago, and we had our own meeting of "Gray Dawn Breaking"---reading our poems with Jun-yi and Karen as a captive audience. They were very patient. Jon seems to like his classwork at Indiana University, which is about an hour's drive from here. Jun-yi has gotten an accounting job in one of the university offices, and is happy with that.

We are down to the last week in the semester here. After that and final exams, Christmas vacation will start. We will be staying home for the holidays this year, and they should be quieter than last year when the whole family was together in Virginia with son David and his wife. They're expecting a baby next May and have decided to spend Christmas by themselves this year--the last time as just a couple. Good idea, I think.

I liked the beautiful card that came this week, with the update on Mary and baby (which should have arrived by now). I expect I'll get an "official" announcement at some point, but I know Mary and John will be very busy. So write and tell me all the important information---name, size, etc.

Not a lot happening here except school. Unlike Taipei, we are having a very warm and pleasant winter so far. Today was almost like spring; I spent part of it clearing brush and weeds from our garden, so it will be ready when spring arrives.

I did get to take a trip a few days ago, to Seattle for a Canadian Studies convention. (Canadian Studies is one of my side interests at the college.) Seattle is a beautiful city, with lots of good restaurants, seafood, bookstores, and a coffee shop on every corner. I spent a lot of time sightseeing, and as little time as possible going to dull convention meetings. Also was able to take a day off and visit some friends who live north of Seattle.

Now I'm home again and have to work. Bah!! But it's not long until Christmas, so I shouldn't complain.

Hope all goes well with you. I will look forward to a note in English, if you feel like trying it.

With best wishes,

Bill

William A. Bridges
920 Walnut Street
Franklin, Indiana 46131

May 25, 1995

Dear France,

I plan to write you a letter in Chinese, but this will take some time--especially since my tutor, who helps me get the characters right, has left for the summer. I didn't want to wait any longer, though, to thank you for your last letter and for the translation of Jon's poem.

I can't resist your offer to translate something of mine and submit it to one of the local Chinese papers. Here is a short number that you can work on. The idea of being published in another language is breath-taking--I will have a "gaumaudz" indeed if you're successful. But don't worry if the editor rejects it. Editors (except for members of Gray Dawn·Breaking) have no poetry in their souls.

All goes well here. School is over for the summer. My garden is growing.

I thought you might enjoy the enclosed picture, of a friend's vacation cabin where Karen and I visited recently. Most of Indiana is a little more modern than this!

With best wishes always,

Bill

William A. Bridges
920 Walnut Street
Franklin, Indiana 46131

Oct. 26, 1995

Dear France,

I keep promising to write to you in Chinese, but I write too slowly. So once more you get a note in English.

This is to tell you that I was absolutely delighted to get your note yesterday with the clipping of the translated poem. If I were writing in Chinese, I think I would say that you have given me a gau maudz. Is that right? At any rate, my hat is now so tall that I must duck when I go through doorways. Thank you so much (and thanks also for your good letter of a few days ago).

All goes well here. School begins today with a faculty meeting (all day). Classes start next Tuesday---for me, these will be Basic Reporting, Copy Editing, and remedial writing for freshmen.

We have had a quiet summer. No trips this year, but we did garden and remodel our kitchen. A couple of garden pictures are enclosed.

Had a long letter from Mary yesterday, enclosing wedding pictures---with you in at least one of them! You wrote about people coming and going, but I'm glad that friendships can continue despite distance.

I'll keep working on a letter in Chinese.

Best wishes always,

Bill

March 30, 1996

Dear France,

This is just a note to let you know I got back safely, with no problems. Your letter was waiting, but I'll have to wait a week to get it translated, since my tutor is away on spring break from school.

It was good to see you again, and I enjoyed our lunch. I think we did very well in English and Chinese! Thanks also for the CDs; I expect to see Jon before long and will give him his package and the card.

Please keep writing and let me know how things go with the novel. I'm going to put my Far Eastern poems together in a booklet this summer and will send you a copy.

As ever,

Bill

William A. Bridges
920 Walnut Street
Franklin, Indiana 46131

7/26/96

Dear France,

All my translators are gone ~~on~~ for the moment, so I must wait to answer your last letter.

Meanwhile, I have found the book that was lost, and two poems of Constantin Cavafy's are enclosed. (These are translations from the original Greek.)

"The First Step" is the one I mentioned. I find it encouraging when poetry isn't going well. "Ithaca" is probably Cavafy's most famous poem, or one of them. It was a favorite of Jackie Kennedy's, incidentally, and was read at her funeral.

Not much news from here. Jon seems to be out of the country, but should be back soon. My booklet of Far Eastern poems goes to the printer next week, and a copy will be coming your way before long.

Hope all goes well with you.

As ever,

Bill

William A. Bridges
920 Walnut Street
Franklin, Indiana 46131

July 17, 1996

Dear France,

I hope I didn't discourage you from writing by suggesting a more "textbook" style of penmanship. Write in your own good hand--I'll manage to find a translator.

This note is mainly to send you a picture of the new granddaughter, Rebecca. This picture-of-a-picture was taken in our back room here. The flowers (gladioli) are from our garden, and the vase is from the Taipei Flower Market.

We visited Rebecca and her parents in Virginia at the end of June. She is a healthy, happy baby, and won her grandparents' hearts immediately. We're looking forward to a big family get-together here at Christmas.

Summer is speeding by. I've finished the manuscript of the Far East poems (titled "The Arafura Sea") and will start type-setting soon. Not much news besides that; we've been cleaning the attic all summer, throwing out bushels of trash and sorting many years of family letters. I have a hard time throwing away anything with writing on it.

Weather report today says it's 95 and raining in Taipei--sounds miserable. Has the typhoon season started?

Let me know what you're doing.

As ever,

Bill

William A. Bridges
920 Walnut Street
Franklin, Indiana 46131

June 18, 1996

Dear France,

Just a note to thank you for your kind condolence message (now translated) on my father's death.

It's always difficult to lose a parent, of course, but my father would have been 91 this month and had the great good fortune to go out without a lot of suffering and in his own bed. He was an artist in wood---built many, many pieces of beautiful furniture which will continue to remind me of him.

All goes well here. We have the first pictures of the new granddaughter, and she appears to be a redhead. This is traditionally associated with temper, of course, but first reports are that "Scotty" is happy and good-natured. Karen and I leave on June 26 to see for ourselves.

Got a note back from my West Coast friend who is reviewing the poetry manuscript. He likes it and promises to send a few minor suggestions. I hope to start typesetting next month and get it done by the end of the summer.

Hope you've recovered from the sniffles and are ready to welcome the GIO's new boss--always an interesting time in an organization. Keep me posted.

As ever,

Bill

William A. Bridges
920 Walnut Street
Franklin, Indiana 46131

May 4, 1996

Dear France,

What a beautiful picture! Thanks so much for sending it. I will try to find one of Karen and me to send you later, but at the moment we haven't been able to find a copy. Maybe it's time to have a new one taken.

I'm now up to date, I think, with getting your letters translated. Grace Fan helped me through the most recent one yesterday. I should add that Grace will be gone all summer. (She will be in mainland China all or most of that time with her mother, who is producing a film there.) However, Jon will be just down the road in Bloomington, so I can call on him and/or Jun-yi for help.

We have a deal. If you come to the United States, you can buy lunch. I really did want to "treat" you, though, since it seemed the best possible use for the profits from your poetry translations. I hope that was not too great a dishonor to Chinese custom--anyway, poets should be allowed to break some rules.

I wish you much luck in the poetry competition and hope that this time you will not come in "just below Mr. Swun." Grace explained that idiom to me, and I loved the story. Whatever the outcome, don't be discouraged. I will include something by the Greek poet Cavafy that gives very good advice to all writers. If it's painful not to write, this is a good sign that you should be writing. And yes, I have had that feeling.

Right now we are in the very busy time just before the end of school. Many papers and exams. Also, we will be going to the graduations of several friends and relatives, as well as a family wedding. We bought a cellular phone this week, since we will be on the road so much.

After May, things should be a bit more relaxed. Our son David and his wife Connie are expecting a baby (our first grandchild) about June 1. At the end of June we will fly out to Virginia to inspect the kid and see if we approve. Except for that, we will be in Franklin all summer.

I'm putting a manuscript of Far East poems together. I will send this to a publisher who may or may not be interested. I suspect he won't be, in which case I will publish it myself, and of course send you a copy. Some of the poems you have seen.

Best of luck with the departmental exams. I will understand if you don't answer this until after the exams are finished.

We are having a cold, rainy spring, but onions, peas, and some flowers are up in the garden--so I guess winter is finally on the run. The birds think so, anyway. The backyard is full of LBJs (Little Brown Jobs, otherwise known as sparrows).

As ever,

Bill

P.S. I found the pictures, but now I can't find the Cavafy poem. It will be along later.

William A. Bridges
920 Walnut Street
Franklin, Indiana 46131

6/10/96

Dear France,

I am all right. Fine, in fact. Just a bit behind in my correspondence. Your note came today, so I can respond at once to the opening in English and will ship the rest off to Jon for a complete translation. He has agreed to be summer substitute for my tutor, who is off traveling the world. In fact he has just caught me up to date with your earlier notes, and given me a rough translation of the poem--thanks so much for sending it.

I hope both the rain in Taipei and the cold in France have lessened. We are having the rain here now, which is good for the garden but bad for our dispositions. I'm surprised we don't have head colds, too. Besides coping with rain, we've been doing remodeling work on the house--painting, wall-papering, etc. But it's been so damp that the first wallpaper simply fell off the walls, and the whole job had to be done over again. Also not good for dispositions.

On the happier side, the new granddaughter has arrived in Virginia---Rebecca Prescott Bridges. Karen and I are busting our buttons, which is a good piece of English slang for you. We will go out and spend a week spoiling her at the end of this month.

I know you were worried about exams, but the most recent note (before today's) sounds as if things are going better. I'm still not quite sure what the exams are for--whether they are involved with your job or simply with classes you're taking. Please let me know how they turn out.

I mentioned working on a poetry manuscript. This is now finished and has been sent off to a poet friend on the West Coast for his opinion, and perhaps some help with publication. This all goes very slowly, though, and I expect I'll end up publishing it myself, maybe by late summer or early fall. One way or another, you will get a copy. I've also not forgotten promising you the Cavafy poem, but my collection of his work is still missing. Did I loan it to someone and forget? Alas, good books get lost that way.

I'm continuing to study Chinese while my tutor is away. Summer is a good time to review and try to strengthen my hold on vocabulary. I'm also working more on writing the characters. And here let me try a suggestion on you. Would it be possible to write a note occasionally in "schoolbook" characters, with the strokes more sharply defined? I'd recognize more words, I think, and also could count strokes and look up ones I didn't recognize. That way (at least during the summer) I might be able to answer more quickly. Writing this way would be terribly slow for you, I know, but just a key sentence now and then would be helpful. Pretend that you are writing for a kindergartener (a mentally slow one).

Hope all goes well there. I imagine there is much speculation about who the GIO's new boss will be. I keep reading the FCJ to see if there is an announcement or a new name on the masthead. Nothing as of May 24, though.

I'm glad you liked the pictures. I'll take some of young Rebecca, for distribution worldwide.

As ever,

Bill

William A. Bridges
920 Walnut Street
Franklin, Indiana 46131

2/28/1996

Dear France--

Thank you so much for your good letters, and especially for the paper with the poem! I cannot, of course, appreciate all the Chinese, but I liked very much the way you laid out the lines, so that the shape of the poem on the page contributed to the effect. Very nice! I am walking around with a very large gaumaudz.

I'll enclose a couple more poems that you might enjoy. "Yabai" was inspired by an actual house at the aboriginal village in central Taiwan, near Sun-Moon Lake. I am always delighted when you translate one of my poems, but don't feel that you must do this. Do it only if you have time and want to.

There is nothing to be embarrassed about in your letters. No one can (or should) be cheerful all the time; I certainly am not. I hope that winning the $500NT prize was a boost. You have a beautiful voice. I remember you chanting your poem by candlelight at Jon's house. But I didn't realize you would become a Karaoke star!

To answer other questions in your last letter. I am fatter (a little), but am trying to get thinner. However, I don't expect my trip to Taiwan to help me toward this goal, [redacted] since I plan to eat as much great Chinese food as possible. We've had a few very cold days here, but not really a bad winter. The family is happy and well, and so am I. Everything goes well at school, and I'm also taking a weaving class. Will tell you more about that. See you soon.*

As ever,

Bill

* Probably Mar 21 or 22.

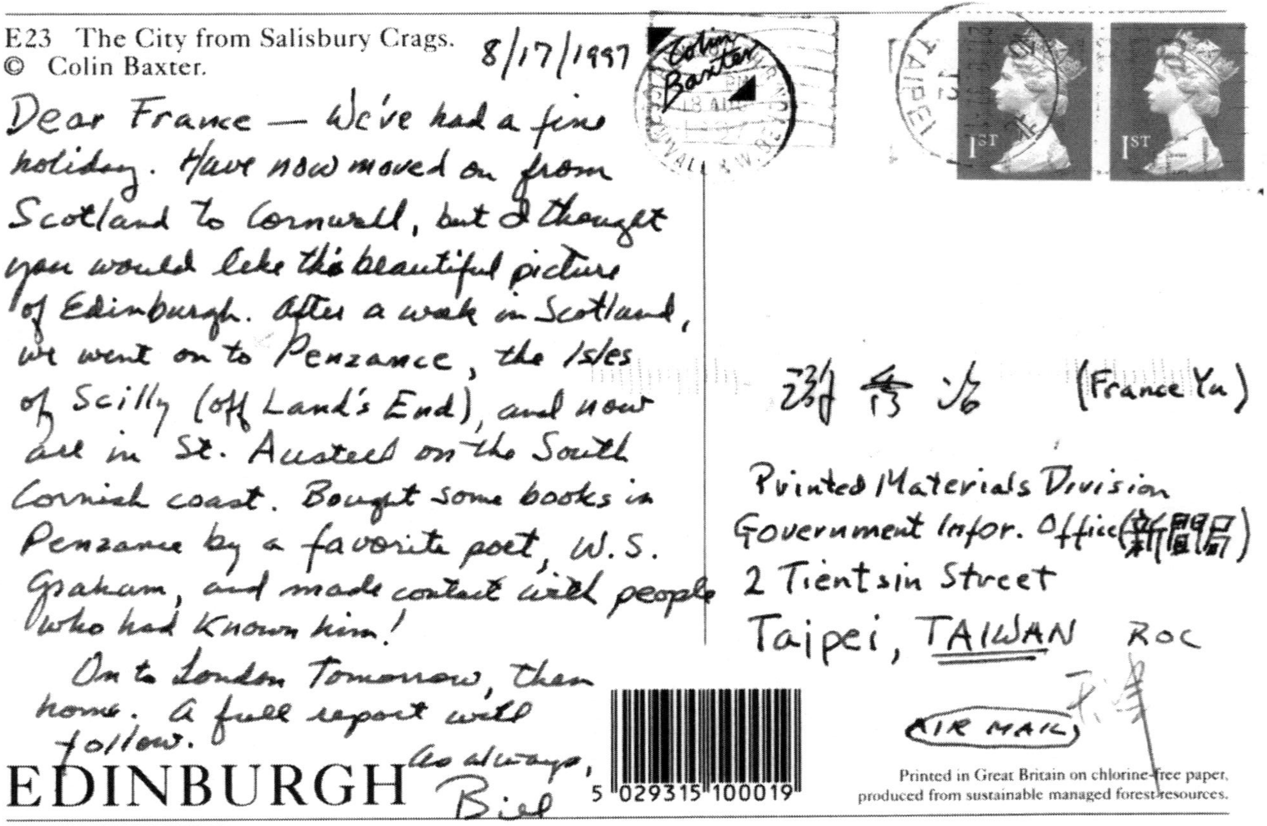
E23 The City from Salisbury Crags.
© Colin Baxter.
8/17/1997
Dear France — We've had a fine holiday. Have now moved on from Scotland to Cornwall, but I thought you would like this beautiful picture of Edinburgh. After a week in Scotland, we went on to Penzance, the Isles of Scilly (off Land's End), and now are in St. Austell on the South Cornish coast. Bought some books in Penzance by a favorite poet, W.S. Graham, and made contact with people who had known him!
On to London Tomorrow, then home. A full report will follow.
As always,
Bill
EDINBURGH
5 029315 100019
Colin Baxter
TAIPEI
[illegible] (France Yu)
Printed Materials Division
Government Infor. Office (新聞局)
2 Tientsin Street
Taipei, TAIWAN ROC
AIR MAIL
Printed in Great Britain on chlorine-free paper, produced from sustainable managed forest resources.

William A. Bridges
920 Walnut Street
Franklin, Indiana 46131

Sept. 28, 1997

Dear France,

Our last letters almost crossed in the mail, so there is not a lot of additional news from here. However, I did want to send you some photos from the trip. The chimneys of abandoned tin-mine engine houses are a feature all over Cornwall. The Atlantic was just out beyond this one.

I believe I mentioned in the last letter what classes I was teaching---everything going well so far. The garden? You have to understand my philosophy on the garden; I believe in taking good care of it until the Fourth of July. Then I declare my independence, and it has to take care of itself the rest of the summer. In spite of this policy of benign neglect, we had lots of flowers, spring peas, and tomatoes, the last of which are still producing. Practically every kind of fruit grows somewhere in the U.S., but Indiana is noted for apples, peaches, watermelons, muskmelons (also called cantaloupes), and strawberries. Some blueberries (or huckleberries) in the northern part of the state. We have nothing like Taiwan or Hawaii, though. One of the rituals when I visit my step-sister in Hawaii (near Honolulu) is to go out and pick a papaya from the tree for my breakfast.

Yes, you're right. Some people's fate (or destiny) is to be rich or hold exalted position. However, since that doesn't always seem to make them happy, maybe we poor workers are almost as well off in the long run. Anyway, your work with the TV documentary sounds interesting--glad it's going well. And I'm glad you're getting a little break in work, with the chief gone. Everyone deserves that now and then. As ever, Bill

May 12, 1998

Dear France,

You have sent me many nice things, and this is a small repayment.

You may already know Tung Nien's novels in Chinese. Mike O'Connor, the translator, was in Taipei at the same time I was, and now lives in Port Townsend, Washington---we have kept in touch and, as noted, I helped him with the initial English editing. You may not want to plough all the way through this in English, but keep it as a souvenir anyway.

Not much news from here. College is just about over for the year, but I have enough projects to keep me going for the summer. Also got my garden planted this week---a few vegetables and lots of flowers.

We have just had our house painted and upgraded our computer---so there are no big summer travel plans.

I was happy to get your email message a while back, but replied cautiously. The return address looked like a general one for the office, and I know that offices are sometimes critical of personal messages on e-mail. When you write next, you might let me know if this is a consideration. My e-mail is private, but I wouldn't want to cause a problem on your end.

My tutor is about to graduate. Short messages in English are best until I can locate a replacement. (Your English is very understandable.)

As ever, Bill

PS You'll note that the foreward to the book is by Rick Vuylsteke, the FCR editor.

Thursday night
August 26, 1999

Dear France,

I'm overdue with thanks for the beautiful bookmarks and also for your essay. I'll be on the lookout for more about San-hsing-tui---should you see something in English, please send it along.

Summer is coming to an end here. The first faculty meeting of the new school year is tomorrow, and my classes begin on Tuesday. It's always a time of mixed feelings---a little sadness at seeing the vacation end, but also anticipation. What will the students be like? What will I teach, and what will I learn myself as I teach? I'll have classes in Basic Reporting, a journalism Senior Seminar, and Basic Writing (for freshmen with writing problems). Wish me luck.

Don't think I've written since our trip East early in August. We had a good time visiting Dave and Connie, and of course Rebecca was a delight. She is only three but talks a blue streak---i.e., very fast. We made cookies together a couple of times. I made the error of calling her a "kid" once, and she set me straight quickly: "I'm not a kid, Grandpa, I'm TRYING to be a girl!"

We had a good though short visit with Jon and Jun-yi in Washington on the way home. They met us at Dulles Airport and took us out to a nearby Korean restaurant. Jon has a good job, in the office next to the chief of the ROC delegation in Washington. Most of the office's English-language materials pass through his hands at some point. Jun-yi is getting along fine---baby is due Oct. 23, but she doesn't look it. They send you their best.

Again, thank you for the beautiful book marks. They have a calming influence---will keep them handy for tense days at the college.

Best always,

Bill

Thursday night
Jan. 28, 1999

Dear France,

Here is my translation of your poem. It is a very "free" translation. I tried to put the sense of it in English, without always keeping to the exact words in Chinese. But I think I have not gotten too far away from them.

This is a powerful poem, even in translation. I read the Chinese aloud to my son Colin, who is a poet but knows no Chinese. "I can almost hear the hair falling in it," he commented.

So I think you have written something really fine, out of the anguish you were feeling. I'm grateful that you let me read and translate it, and I am also happier than I can express that this terrible time is beginning to be behind you.

Now I'll start on "the Yangtse River"!

As ever,

Bill

12/12/2000

Dear France,

Thanks so much for the calendar book, which I will use again in 2001 as a diary.

The bookmarks also are beautiful---each one a work of art. They'll be well used.

Mike O'Connor, the translater of these Chia Tao poems, is a friend of mine. We met in Taiwan, but he now lives in Port Townsend, Washington.

I've enjoyed Chia Tao a great deal and hope you will, too---in both Chinese and English.

Best always,

Bill

William A. Bridges
920 Walnut Street
Franklin, Indiana 46131

1/1/2000

Dear France,

Just a note to thank you for the beautiful "Yellow Mountain" card, and the poem.

This is one card that will not be "dis-carded" after Christmas---it will hang over my desk, where I can keep on enjoying it. I'll work along on the poem, but it may take me a while to translate. I may also make a copy for Jon and get him to help me with it, if you have no objection.

Did I tell you that he and Jun-yi now have a son, Liam Arthur, born in October? I've teased them about naming the baby after me, since I am Wil<u>liam</u> Arthur.

We had a very nice Christmas, fairly quiet, with most of the family here, including grand-daughter Rebecca. She and I baked cookies a couple of times---don't know which of us enjoyed it most.

Now Karen and I are getting ready for the Australia trip. I'll teach a short class about it next week, then we fly out on Jan. 11, returning on the 23rd.

Snow? What's that? We've had an amazingly warm winter so far. Karen and I sat in our front-porch swing today and drank coffee, without coats.

I'll write and tell you all about Australia. Meanwhile, have a good new year.

As ever,

Bill

William A. Bridges
920 Walnut Street
Franklin, Indiana 46131

July 25, 2003

Dear France,

Just a note to let you know that I'm still alive. I wrote you most of the post-retirement news in the last letter. Since then I've been working with my interns, scattered on newspapers around the state. This has been fun and not too demanding---they send me news stories by e-mail and I comment on them and make suggestions. Early in July I made "on-site" visits to the papers to talk with the interns and meet their supervisors. We have a concluding meeting at Indianapolis next Thursday, and then most of my job is done.

Just in time, too, since we then leave for the wedding of son Mike in Kentucky and former student Jennifer in Vancouver. I'll be taking part in the wedding, reading an "Epithalamium," or hymn of praise for the bride and groom. This is a transCanada romance---the bride is from Newfoundland and the groom from British Columbia. The poem (enclosed) reflects that.

After the wedding, we're going for a few days to Penticton, B.C., to vacation---between the Cascade and Rocky mountains. Should be back home about August 20.

Very little news beyond that. It's been an exceptionally stormy summer, with much flooding elsewhere in the state. My garden in flourishing, with lots of flowers.

Hope all is well with you. I'm taking my laptop computer on vacation, so can receive e-mails at the usual address wbridges4@cs.com.

Best always, Bill

Dear Frances—

All our best wishes for a happy holiday and a good 2009.

It will be quieter than usual here — two of our kids will be here, but the others are staying home this year.

As usual, will celebrate two New Years — our own and the Chinese.

Just got a note off to Jon in Japan — so three members of Gray Dawn Breaking are still in touch!

"Amaryllis"

Love from both of us,

Christmas, 2008

Bill + Karen

12/13/99

Dear France —

Many best wishes for the holidays & the new millennium.

The school year is finally over — a very busy one. We'll have a big family Christmas, then Karen & I leave for Australia with students Jan. 11–22.

Hope all goes well with you. Will try to get a letter off to you soon — correspondence has suffered this fall.

As always,

Bill

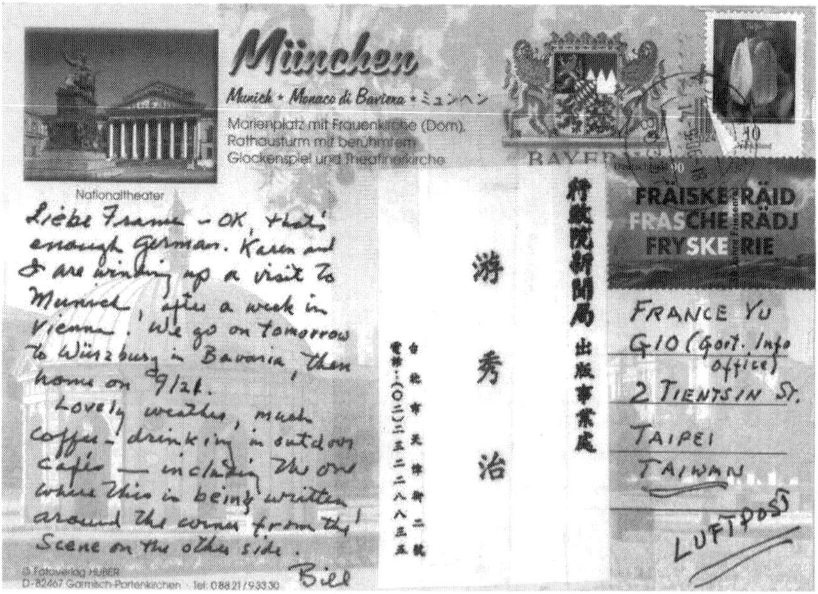

Liebe France — OK, that's enough German. Karen and I are winding up a visit to Munich, after a week in Vienna. We go on tomorrow to Würzburg in Bavaria, then home on 9/21.
Lovely weather, much coffee-drinking in outdoor cafés — including the one where this is being written around the corner from the scene on the other side.
Bill
行政院新聞局出版事業處
游秀治
台北市天津街二號
電話：(〇二)三五二二八八五
FRANCE YU
GIO (Govt. Info Office)
2 TIENTSIN ST.
TAIPEI
TAIWAN
LUFTPOST

Dear France —

Many best wishes for the holidays and the New Year.

We will have a quiet Christmas this year, with a couple of our boys here but the other two and their families staying home this time.

It's been a good year — and our friendship continues to be a joy.

Best always,

Bill

12/5/2003

Dear France -

All the best for the holidays and in 2004.

We are following with interest the progress of the giant skyscraper in Taipei — don't walk underneath while workers are dropping things off the top!

A nice early-winter day here, with a fire in the fireplace and a cat curled up in front of it. Very cozy!

Best always,

Bill + Karen

詩人徐世澤往來書簡

徐世澤（左）與詩友

左起：徐世澤、潘皓、關雲

左起：蔡信昌、麥穗、謝輝煌、徐世澤
右一：潘皓教授

世澤院長暨夫人惠鑒：

11月20日華翰及《乾坤》詩刊2012冬季號均已妥收，所附各詩亦都拜讀，頗為快慰。

上月底，弟攜内人作雲南之旅，玩赏昆明之石林、滇池、大觀樓，大理之蒼山洱海和古城，丽江之黑龙潭和玉龍雪山、寧蒗之瀘沽湖和摩梭族之"女兒国"，大開眼界，其神奇美麗之趣實勝于西歐。弟流連風韻者多首，以至未能及時覆信予兄，請諒。

兄推薦《羅浮宮感興》第三首拙詩將于《乾坤》春季號刊出，並説還有餘詩留在夏季號上发表，很高興。特别聽到兄將有兩首《讀李教授〈遊歐詩〉有感》同刊于明年春季號上，真是不勝榮幸之至，謝謝了！

弟正在编輯《花果山詩詞》2012.4，將把兄之幾首詩刊發，其中《釣島風雲》一首特能表達两岸同胞"我愛中華"之心聲，深受詩刊同仁之喜爱。

兄所關心的王蓝茹女士，由於病情不斷反覆，加上她的丈夫不理不睬，她只能長期留在成都，讓她妹妹加以看護。孫品元先生依然留連在床，靠藥維持生命，他的家屬則已成老年痴呆，令人徒嘆奈何。

新的一年又將來到，謹祝元旦快樂。敬請

儷安

編棋

弟李德鄰 12月14日拜上

捻卿 12月13日

世海院長暨夫人惠鑒：

元月30日華翰及惠贈的《並蒂詩情》、《乾坤詩刊》春季號（65期）恰于农曆除夕收到，喜上加喜，快何如哉！

《並蒂詩情》是台灣六大詩人匯集詩論、新詩和古典詩的宏篇巨著，可謂"萬卷樓"書庫中的"大專用書"，不僅可供大專學子開拓詩情和詩藝，而且足以啓示中華詩壇如何走向發展和創新。兄之九十七頁詩文均爲有感而發之作，弟一一拜讀。其中讀余游歐詩有感与祝王燕如女士早日康復兩篇，尤其令弟感動。燕如女士若能早日看到，一定會跟弟一樣深感榮幸的。

《乾坤詩刊》（65期）封面清雅，既有花事之變，又合詩体之分，令弟賞玩不已。兄之大作五絕與弟之兩首七律同在一頁，很爲高興。特別是有兄之兩首推譽詩助之，榮莫大焉，謝謝！

兄之近体詩短而有味，受到台灣人的欣賞是必然的。至于新詩，我還喜歡韻味体，因爲詩畢竟與音樂最爲接近，無韻之詩若是長了，就近乎散文，這也是寄去的這期《花果山詩詞》中只用兄的古典詩而未用新詩的緣故，望兄諒之。這期《花果山詩詞》中所刊兄之古典詩，見于"詩友情誼"欄目，請查閱。

兄在《乾坤詩刊》中夾着的翁敏雪的文章《我看見離不開呼吸器的受苦靈魂》，文中說："如果只是延長平均餘命，讓他受苦，是在懲罰他啊！"弟看了之後，深受震撼。兄在信中談及孫昌元詞長之久病，至今已过了七年，结果令其夫人已經完全受累而病呆，他本人則萬事不知，徒然受罪。如今我的幾個老友節前去醫院看望他，他毫不知覺，目光呆滯，人亦脫形，使我等十分難受。如果能以台灣規定只要有一位家屬同意"拔管"即行，那將令其解脫，家屬也可不再受苦，這才使真正的人道主义，無奈大陸沒有这種規定，也只能任其延長苦痛了。

至于藍茹女士，如今仍在成都其妹家中養病。弟曾數次打電話或發短信給她問候，都是她的妹妹代接，說她不能通話，謝謝對她關心。她的丈夫至今未去成都看她一次，看来她也是一個苦命女詩人了。若有她康復和返回連雲港的信息，一定寫報給您。在此，我謹為她代向兄致意了。

台灣過春節的盛况，弟在央視四頻道上都看到了。想來兄與嫂夫人一定春節快樂，闔府團圓，身康体健，安享幸福了。弟亦一家歡聚共樂、融融。凤桐、续元處，弟當代為致意，並替他們向尊府所有家人拜年！

匆此，敬頌

吉祥如意

安康快乐

弟 李德朝 2013年二月12日拜上

洽津兄

同班同學徐世澤醫師詩才橫溢，退休後勤于寫作，新舊詩俱佳，作品頗丰，台灣詩壇知名，並為「乾坤」詩刊之副社長，最近又有新作「並蒂詩情」合集出版，素仰吾兄之詩作典雅超俗，故特向徐兄多要壹冊，轉贈吾兄雅賞指教，並請笑納為禱。耑此

並頌

新春 大吉

姜必寧 恭賀 二、〇、

副本：徐世澤醫師

必寧用箋

展望（月刊）The Look Magazine

5FL., 70, Alley 134, Hsin Yi Rd., Sec. 3, Taipei, R.O.C. E-mail：look.pu0717@msa.hinet.net
地址：台北市信義路三段134巷70號5樓 電話：2702-5029、2754-8944 傳眞(FAX)：2705-6814
郵政劃撥儲金帳號：〇〇〇七〇三〇〇號 郵遞區號10659

世澤先生大鑒：

敬啟者：中華民國一〇二年七月二十五日為本刊創刊四十七週年，例將出版特大號，廣徵鴻文，以追溯過去，展望未來，願與國家社會共策於進步中，敬懇一抒卓見，不吝珠玉，揮其如椽之筆，無論短頁長篇，均所歡迎，豈非僅本刊光寵亦讀者之翹盼也。

大作請於六月二十日前擲下，不勝感禱之至。

專此並頌

文祺

展望雜誌社

卜少夫

一〇二年五月二十四日

展望雜誌社 TEL: 2702-5029 台北市信義路3段134巷70號5樓

玄峰詩翁

自從贈送回憶錄之後，陸續收到百餘件海內外親友、同學、師長之迴響。其中有短箋亦有長篇談及感，有讚嘆的詩詞，有長官的嘉勉，有同窗的懷舊，有病患的感謝，有門生的師恩。真正是老朽此生獲得最溫馨、最寶貴的禮物！溯自民國卅八年渡海來台、寶島避秦六十餘載、歲月悠悠、人海茫茫、友誼是心靈最大的財富。人生路上、總是有緣千里來相逢、彼此相識、相交、相知皆是緣份、也是萬分的幸運。無奈在人生的旅途中、朋友有各自不同的軌道與經歷、尤其

必寧用箋

是在烽火亂世、往往旅途歧異、天涯海角、離多聚少。更無奈浮生若夢、悲嘆故友半凋零。慶幸今日資訊發達、帶居、天涯若比鄰、猶喜海內存知己。處處迴響似雲霞、情深義重、永難忘。爰以回報、謹將收錄之書函詩文印成乙冊專集、永誌留念。

總之、本集乃專為報答海內外親友之相知、相契、相伴、相思之深情厚誼而印、以聊表寸心於萬一。紙短情長、言不盡意。緣此、特將「風雨同舟」與「雁書傳迴響」兩冊合併精裝壹盒、專誠奉上（另函）、千祈笑納匡正為禱。並乞求召閱後

必寧用箋

收藏于貴書齋之壹角、識欽拙作似天上的一片白雲、深山的一泓清泉、春日的一陣輕風、原野的一株芝蘭、心中的一小烙印、我們縱然不能常相聚、亦可長相憶。偶然相思、翻卷索驥便得如晤、如此則此願足矣。耑此敬頌

道安

民國百年八三叟

必寧

台北市 拜上

必寧用箋

詩人、畫家蔡信昌往來書簡

蔡信昌（右）和雪飛

蔡信昌作品

蔡信昌（右）與詩友們！

8/13 10:10 限時寄出　　　　存擋

鄭院長
宗正醫师 您好：

在您百忙中，還是需要您於百忙中抽空，撥空（打電話或傳真）至日本
全日本美協，给風間理事 徹夫先生（电：047-387-8055）
（振替 00160-2-122411）

问
①会長蔡信昌赴日之行之計劃（8/20～8/26之详细内容）收知否？

②8/20（一）華航松山9:00飛羽田12:55到，確定？風間先生来接机至浅草東横INN？
8/21（二）晨逛上野公園，9:00入館参觀別展　址：東京都台東区千束1-15-1
8/22（三）晨上野公園寫生，9:00入館参觀影展。电：03-3873-1045

③8/21（二）（初日は午後1時より）
问，要不要？剪綵儀式？正確時间為何時？（13:00～17:00含剪綵、領奬、酒会？）

④问：会長蔡信昌提議之寫生研修会，他们要辦否？（8/23～8/24，8/23宿料我们自付）
※若不辦時。蔡会長就必需在台灣馬上預定8/23日之住宿旅館以免臨時我不到住宿之旅館。

⑤若要辦寫生研修会。8/23一早是他们開車来接？
或到那裏集合（最好開車来接，或派人来接去搭車）。8/24下午4点以後送我们入住旅館。
8/24（五）下午4点才能入住旅館　回浅草SMILE　电03-5824-5533
址：東京都台東区浅草6丁目35-8

8/25（六）晨在旅館附近寫生及参訪景点。
〃下午约4点準備搭車至　東京羽田机場第一、東横INN旅館
址：東京都大田区羽田1-2-1
电：03-5737-1045
8/26（日）鄭、梁、李、郭、施、5名回台
搭華航羽田7:10飛台北松山9:45到

8/25（六）下午约4点会長蔡信昌与团員分别再見，
蔡自己一人搭車拜訪恩师沈哲哉先生住東京都八王子千人町3-11-3
李娥：（0992）-678209、00281-992-678209.
电：0426-63-0953
00281-~~992~~-426-630953.
8/30（四）華航羽田14:40飛台北松山17:15到台北（蔡信昌1人）

以上①～⑤点急需日本方面之確切回答以利計劃之進行。
尤以④点，若不辦時，我们就必需立即在台湾上網預定8/23之住宿

專此　　拜託　儘速回音　謝謝！

2007年8月11日脫於台北牧心息室　台日美術協会會長　蔡信昌　敬上

陳先生 臺田先您好：

謝謝您10/1午即收到你拍的電子檔，昨晚與內人一同欣賞您用心之成果，在那燈光不夠，處處反光之下有此成果已難能可貴。若要挑剔的話，有一些橫幾之畫面若能修正回來，那就更好的了。（第1張）沒去日本之会員13名，三大美術館、國家圖書館、台北總館……等相關單位 約17張 13張

☆ 台灣領導 30張
日本会員→12張
→約共 42張

第二張如下：另外，展覽結束後，將所有相片集中排列共53張（沒含郭院長的）希望 郭院長百忙中抽空，看看他之相片可以加進來較完整（今年有去的都入）

為方便整理分成4包，接到可依序疊一起，方便郭院長插入新相片。

本片之頭是吉林藝廊(外)海報、2盆花、……副總統賀詞、文化部、外交部、全日本美協賀儀日幣參萬元 →下接相片①～53

台灣作品
①～③ 台日美協贈全日本美協、2幅字（另2張，以畫会友、以文会友沒拍）及特製2B鉛筆一大盒。
⑰相片 後面有註明：☆⑱拍自第50回紀念全展畫集中之第④頁開始（会長蔡信昌）至⑤頁 ㉔頁張東璧全頁，（註以左上左下，右上右下排序，以下皆同）至52頁再接24頁

日本作品
☆⑲ 全展畫集中之第③頁大林出ㄅ子 ㉔頁台灣不入 至㊼頁上面左右2張下接㊸頁 ㊹頁2張黑白止。
⑳相片～53相片
↑或許 郭院長8/20晚餐請我們六位吃高級日本料理可放最後。
（請代問 郭院長一聲，謝謝！）

又回到台北吉林藝廊展場 共48件
台灣 台日美協会員作品：蔡会長2張、張東璧2張、郭掌從2張、轉角向西 羅前会長者衍 黃士嘉三張 王瓊霞三張……至邱秀霞三張（最後紅玫瑰，每日本作品第2張）

日本 全日本美協理監事作品22件，大林代表…等每人一件（有15號、20號、30號、10號）（完成）

以上是我希望較完整的電子檔，給有去日本參加的会員親友等 約15張（台灣）約10張（日本幹部）
☆共約25張（第2張）

若 郭院長准許再做第2張（增53張以上相片）時，才做，若無時間，即以第1張亦可，小計42+25=約67張 你自己留幾張。

拉拉雜雜寫這麼多 敬請海涵是幸！

敬祝 萬事如意！

2012.10.2午於台北敬心書室 台日美協会長 蔡信昌 謹上

鄭院長：

宇正醫師您好：

看到您俄羅斯的作品，進步很多；也很欣慰。2/18寄[illegible]也在[illegible]手稿忙，以後您看到請他，指整個展場作品及資料10/1才收到，不知您看過否？昨晚我與內人看了覺得傳兄在那裡光不足又反光之下，已是難能可貴，幾乎整個下午都在忙著拍呢。

若要挑剔的話，那些「攝影的」，把它校正便於欣賞就更好，不知您意下如何？（☆這張是其中之一選擇。）另外，近日在整理[illegible]老師照方寄來之相片（我自己拍不多，但有些沈老師同遊時相機沒到手了。）還產生以下之想法：八將序有花頭吉林[illegible]，海報，花蓋二金[illegible] 田本相片（約53張）「少了你上台代領獎」相片及通令你翻譯之畫面，及[illegible]您請我們六位吃日本料理之場景。（大概她們有寄給你吧。）請您百忙中

（或許可放在沈老師請客之前或之後皆可。）

看之下插進適當的位置那就更完美了。☆這張加入你的相片之後，回頭再看會覺得更完美。 詳情我另信給[illegible]兄。

前天會60周了，在北開幕的見證事又[illegible]手，及會一些老

（和[illegible]我合照之張[illegible]「[illegible]」）

朋友很高興。10/27、11/3、11/4 我預定又要來台南，在行的同時可見之面聊一下，否則之會務及將來之發展都會多之支援幸之。）

隨此附上「十八年[illegible]的世界 全國巡迴展」[illegible]之補，

（[illegible]）

及規劃之精神與步驟等，請您提供一些意見……。

修正再談 敬祝

[illegible] 身体健康（請代問夫人[illegible]問好）

[illegible]

王幻道長您好：

晚輩信昌日前於世界論壇報2012十月十三日看到貴報刊登您友：黃飛與陳陽春兩位：您慶消息，不知可否麻煩您於百忙中代購兩份。若很麻煩，即算了。

晚輩前日拙作「秋思」經 輝煌及金鳳前輩指教後，謝先生命晚輩寄給 您指導乙下不知收到否。

近日秋風漸涼，請早晚多加衣服以保康安 順頌

金安！

晚輩 蔡信昌敬上
牧心堂

二〇一二年十月十三日下午

林校長
騰雲先生鈞鑒：

感謝您多年來對畫壇的支持與鼓勵，使本國之畫家在艱困的環境中得以順利發表，真是感激之至。

近年中國畫家備案展單位強力攻佔國家畫廊等文教展場，相對的使本國之畫家更難找到良好的展出場地……。若有適當的機會還望 林校長向主管之文化部提出以上之嚴重現象，尋求改善之道，以免長遠影響本國之畫壇生態。以利專業畫家之生存。

去年台日美術交流展與十全十美水彩世界全國巡迴展曾蒙 林校長大力支持得以順利圓滿展出佳評如潮，真謝謝。

今年這兩檔展出，審查作業是否已告一段落，不知結果如何？以好做準備，如預定刊登廣告等前置作業。專此

敬祝

萬事如意！

二〇一三年六月八日於台北敬心畫室
台日美協會長、十全十美水彩世界聯展召集人 蔡信昌弟 敬白

文銳
惠珍 華賢 沉儀：

近年常聽惠珍說 老師目前的新住所 你們受到很好的照顧，直到這次2013沈秋雄師生聯展，才得以認識你們。近距離觀察你們對 老師的尊重和体貼，遠遠勝過骨肉至親，看來令我欽敬與佩服。可惜我雙親早已離開我們，已無從盡孝於前……古有名言：「子欲養而親不在……」之嘆，卧師兄弟們與朋友都能及早盡心盡孝，以免尊親長辭之後，追悔莫及。

去年八月，我住台中 [illegible] 參加 [illegible] 赴日參觀日本「全展」50週年紀念。同時書法的駐日羅副大使與 [illegible] 之列。沈老師、惠秀及林日龍等十餘位書法 [illegible] 參觀。外、梁、李、鄭、施五位老師相繼赴日參與盛會，當日的合照多去轉呈 沈老師。這次師生聯展，他們也全數到齊參與。同年五月與 [illegible] 老師。5/28（二）他們一同相約到北港一遊與 沈老師歡聚留影。北港之旅 [illegible] 更是 [illegible] 一會，[illegible] 猶記朝的相聚的光…… 你之快 [illegible] 之快哉。5/29（三）到 [illegible]（[illegible]）[illegible] 都是你們付出的熱誠 [illegible] 感謝！ [illegible] 老師相當的光，[illegible] ……[illegible] 所限，[illegible] 為道。

你們上個月打 [illegible] 成，如今已 [illegible] 令人 [illegible] 的 [illegible] 可以 [illegible]。回北之前想到 [illegible] 一 [illegible] ……遠 [illegible] 你們（[illegible]）[illegible] 。

敬祝
佳節快樂 [illegible]
RS（[illegible]
Email cynthia@rabbit1.com.tw 謝謝！）
[illegible] 敬上

明志
英、淑、賢、侃、儀：

今年之師生聯展能順利圓滿達成目標，全賴
蔚郁之師兄弟們通力合作以郭市長華仁及李同仁全力
無間與，宮乙賢弟財力支援印出精緻之專輯，真是可
欣可賀也。

去年參加台日美術交流協會長崎國際日本展，日本全國展
50週年紀念同藝會大會時駐日羅副大使及夫人也去前往之到。
沈老師夏季以來日本參加日本兩十餘名書法家與日本畫家都美術館。
師母、孫、春節、郭桃子從老師相投赴日參觀，盛會之日的友誼
令人難忘。沈老師：這次師生聯展，他們也會趕到新
竹參觀，開幕酒會並合影留念。沈老師、（他）他們又回到
北港，陪沈老師祭祖朝宗……互相訴說舊情的溫馨
時光……。（三）郭、李、春 也跟了 我們全家包括楊、特別去
專車到台一路遊覽，我們欣賞見證盛事。

同此之前想到一句古話：「多才之人情緒多」……這將
把你記文錄贈予報紙，請排記錄、納為參考。

餘言再談
敬祝
PS（……）
Email cynthia@rabbit1.com.tw
謝謝……

佳作連連　闔府平安

信昌 敬上

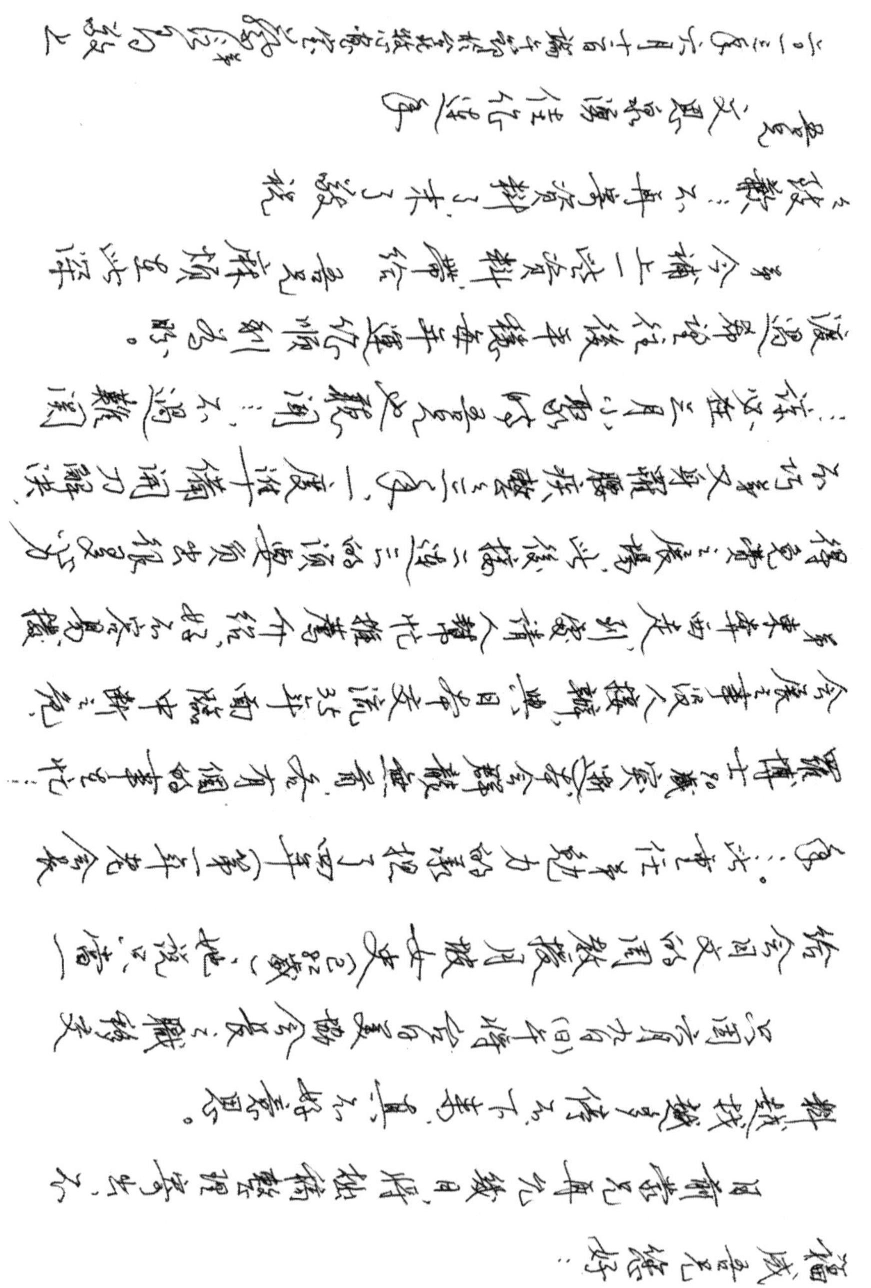

[illegible]

蔡信昌　先生

謹　啓

貴下益々ご清栄のこととお慶び申し上げます。

第５０回記念全展に、御出品頂き有り難う御座います。

８月１４日に審査が行われ、台湾の先生３名様が受賞されました。

おめでとう御座います。お知らせ致します。

『奨励賞』　蔡信昌　先生
『奨励賞』　張建雄　先生
『奨励賞』　潘蓬彬　先生

敬　具

２０１２年８月１５日

〒２７０－２２６５
日本国千葉県松戸市常盤平陣屋前１４－９－３０７
全日本美術協会・事務局　　風間徹志
ＴＥＬ　０４７－３８７－８０５５

蔡信昌 先生

謹 啓

貴下益々ご清栄のこととお慶び申し上げます。

「台日美術交流展」の作品受領致しました。
有り難う御座いました。

お身体をご自愛され、お元気にお過し下さいませ。

敬 具

2012年10月4日

〒270－2265
日本国千葉県松戸市常盤平陣屋前14－9－307
全日本美術協会・事務局　　風間徹志
TEL　047－387－8055

蔡信昌 先生

謹 啓

貴下益々ご清栄のこととお慶び申し上げます。

「台日美術交流展」の作品受領致しました。
有り難う御座いました。

お身体をご自愛され、お元気にお過し下さいませ。

敬 具

2012年3月22日

〒270－2265
日本国千葉県松戸市常盤平陣屋前14－9－307
全日本美術協会・事務局　風間徹志
TEL　047－387－8055

蔡信昌　先生

謹　啓

貴下益々ご清栄のこととお慶び申し上げます。

先日は、第５０回記念全展時に撮影されたＣＤ－Ｒ受領致しました。
有り難う御座いました。
役員各人に渡します。

お身体をご自愛され、お元気にお過し下さいませ。

敬　具

２０１３年4月2日

〒２７０－２２６５
日本国千葉県松戸市常盤平陣屋前１４－９－３０７
全日本美術協会・事務局　　風間徹志
ＴＥＬ　０４７－３８７－８０５５

あけまして
おめでとう
ございます
本年もよろしくお願い
申し上げます。
元旦
神奈川県茅ヶ崎市松浪
二ー九ー五、
台展、
大林せつ子

新年あけまして
おめでとう
ございます。

今年はいよいよ古希となります。宴会での酒も断ち2年経過致しました。妻も寝込むことなく順調な日々です。1.3ha の稲作と絵画制作それに各種ボランティア活動に励むことになります。また先月から午前中は住所で過ごし近所の方々と旧交を温めています。お近くにおいでの際はお立寄り下さい。お待ち致しております。

皆さまのご多幸とご健勝をお祈り申し上げます。

2013・元旦

〒018-2507 秋田県山本郡八峰町峰浜田中字川向12−3
（アトリエ我楽　秋田県山本郡八峰町峰浜坂形字強坂31）
大高　孝雄・由紀子
Tel : Fax　0185-76-2431
Eメール takao-garaku@tenor.ocn.ne.jp

〇台展での再会を楽しみにしています。

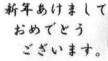

沈哲哉　夕照布達佩斯
師生緣 父子情
2013 沈哲哉師生聯展

沈哲哉　夕照布達佩斯
師生緣 父子情
2013 沈哲哉師生聯展
地點　臺南文化中心　文物陳列館一樓
展期　2013.5.4~5.26
開幕茶會　2013.5.4（六）下午3：00

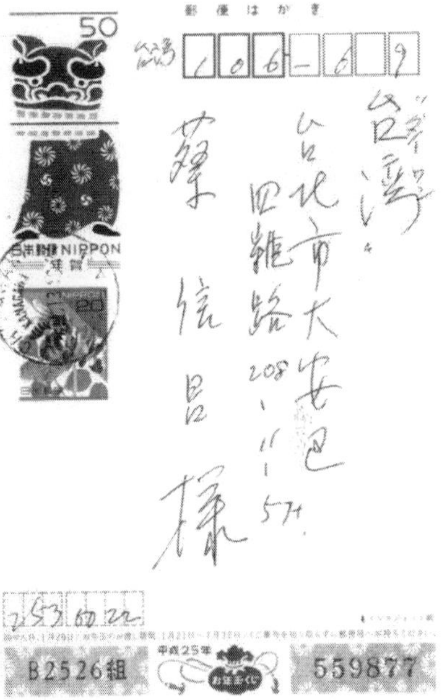
郵便はがき
50
NIPPON
20
106-69
B2526組
平成25年
559877

郵便はがき
50
20
106 69
台湾
AIR MAIL
B1394組

發文方式：郵寄

檔　號：

保存年限：

臺南市立臺南文化中心　函

地址：70167臺南市東區中華東路3段332號
承辦人：郭淑玲
電話：06-2692864#301
傳真：06-2897842
電子信箱：kusuli@mail.tainan.gov.tw

724
台南市七股區十份里59之15號

受文者：楊明忠先生 06-7881718

發文日期：中華民國101年12月27日
發文字號：南文視字第1011107153號
速別：普通件
密等及解密條件或保密期限：
附件：

主旨：　台端申請於本中心舉辦聯展，業經本中心展覽審查委員會審查通過，相關事項詳如說明，請　查照。

說明：

一、是項展覽名稱：師生緣．父子情。

二、展覽時、地：民國102年5月4日至5月26日，於本中心文物陳列館一樓。

三、請柬由本中心印製，展場佈置請　台端等負責，中心予以協助。另展品運送亦請　台端等負責。

四、展出新聞稿相關資料、文宣印製用電子檔案，請於展出前二個月前逕寄本中心視覺藝術課。本中心連絡人：視覺藝術課謝順勝先生，電話：（06）2692864轉307，電子信箱：hsshsh@mail.tainan.gov.tw、hsshsh@mail.tmcc.gov.tw。

五、為維護場地整潔並避免浪費，請勿在本中心擺置花圈、花籃，煩請轉知親友共同配合。

正本：楊明忠先生
副本：本中心視覺藝術課

主任陳修平

PS:每人約有8公尺長度的掛圖牆面.

第1頁　共1頁

2.印製画冊.作品繳交時間約3月中旬.屆時再聯絡.Thanks.

一信大哥您好：

很高興您康復重回三月詩會雅聚，以此為祝為禱。今逢大哥任召集人，本應排除萬難參與……

不巧與（吾第之）恩師沈哲哉（旅日88歲）之師生聯展（台南市文化中心）5/4開幕撞期……不克出席　敬請　您見諒海涵

隨函附上拙作「風情萬種」一首　懇請

一信大哥不吝指正是幸、20份　煩請分發給詩友及

五幻大哥（請代為問好，耳鳴是否有改善　念念）　敬祝

一切順利如意

二〇一三年四月廿八日下午於台北放心画室　草　信昌　敬上

詩人陳福成往來書簡

陳福成（右）獲「詩運獎」，鍾鼎文（中）頒獎，最左是綠蒂

在木柵茶園山頂上彈吉他唱歌給風聽

人生的舞台剩下這一點點！

福成詩兄：

你在「新文壇」介紹弟的文章已拜讀，非常謝謝你的溢美。大作將來如收入三月詩會卅年選集，請能略加改動。弟近日整理書架得此孤本，為報投桃報李之誼，故將此孤本奉贈吾兄，以備將來出書之參考。此書由你收存比在我処更有用些，因為你年歲比我小很多，同時你又是重視文學史料的作家。

此書惟一不足之処，就是沒有三月詩會諸詩友作品。原因是書中所選之作品都是作者自己所選，他（她）們和我的書信來往較密有一部份，三月詩會的朋友只有麥穗與徐華與雅，但當時不知他們住址，而未向他們邀稿，此為我惟一的遺憾！此書出版頗不容易，自約稿、編輯、找出版社，前後歷時三年，而且因此書我生平第一次與人訴訟，打了一場官司，原因是出版社曾允諾有稿費，我

第　頁

地址：台中市東山路2段67巷11號．電話：886-4-22392478

給稿時的作者亦言有稿酬，雖然此書出版後，而出版社食言，又給稿酬了。奇特我為何向作者們交錄，我不得已提出告訴，但亦不了了之。因那時年輕不識世故，和出版社只是口頭約定並未簽署書面文字。後來出版社答應給每位作者一本送贈，就這樣結案了。那時我住南部而每次前往，我都要從南部搭火車到台北，那時經濟狀況並不好，來回旅費都成了我一大負擔。現在想起來，當時怎以有編此書的勇氣？？這位小說家倒有同感，因她一再縱容才有此勇氣。轉眼這是五十多年前的事了，那時英氣逼人的青年，如今已是鬚髮鬢皆白的老叟了。回顧五十年不勝感慨系之！免談到現在的青年衣暖食飽對文學沒有興趣，而我們那個年代，物質缺乏，而對文學的熱愛那是現在青年想像不到的。那時我寫創作而用手寫鋼筆。現在的年輕人真是太幸福了。寫了就

吟好

丁穎拜啟

民國百年十月

第　　頁

福成兄：

三月詩會研究那么一部大書，你說寫很快就寫完了。你收資料又那么豐富，實令人敬佩。其中寫到弟敏於童佐家兄那許位的往事，那是六十多年前來台灣時我們年青時的往事，那時台灣環境很苦，人民都很苦；我們又人地生疏生活非常苦，想弄個甚麼事也不那么容易，信中的「它」字指党而言。那么什事業，想有碗飯吃就不容易了，還談什么事業？我的作品都是二十五歲到卅五歲十年間寫的居多，卅五歲後正如你說有事業但也多不順利，每天忙着「軋頭寸」為錢奔走。那時又办報，办雜誌，即使寫東西也都是寫些應景的社論、短評，或雜文之類東西，現在想之真是很費生命。我來台灣在東遠新聞當記者，同時便處閑

地址：台中市東山路2段67巷11號．電話：886-4-22392478

你到山裡去休養，我在山中寫的東西最多，如「紙」和「空谷微語」是寫給周伯乃兄的信，你談到的「決題」小說也是那時寫的，其中有「把泥土的三角塞」交給歷史的審判者」之句，即是指國共兩黨爭江山的戰爭，誰是誰非，只有歷史才能審判。還有篇「三分春色一分愁」也是那時寫的，這篇東西我認為不如「紙」好，卻被收入[illegible]大學「文鑒」一書作為國文教材。當時兩岸還沒有來往，我不知道那經文他們從哪裡弄到的？我回鄉探親時，才從一個朋友女兒的課本上看到，我當時把它影印下來，及五十年前我編的一個選集的目錄一并寄你，我手邊沒有書，此目錄是從電腦印下的。因它是台灣第一本文藝選集，你將來如評有參用。「西窗」有幾篇談詩的短文，可窺見我對詩的看法。

專此順頌
著安

弟 丁穎拜啟
民國百年·三月廿日

第　頁

江苏省作家协会主办

揚子江诗刊

陳福成先生：

得悉先生的大刊《中國春秋》已出終刊號，心中若有所失。因為數次蒙先生贈刊，覺得刊物很有可讀性，資料豐富，立論有自己的特色，十分難得。

寄上《綠野》11期，內有大作二首。如仍有大作，可爭取在三月底以前盡快寄出，看看能不能趕在12期上刊（12期4月截稿，考慮到兩岸信件走得太慢，以早寄為好）。

又：我有一位好友，即詩人王文雨，生糖尿病多日，且漸漸近後期，有尿毒症病狀，須定期血透治療。近日他聽說台灣有一種雜誌，叫透析通訊（附上該刊的封面及有關頁面的

江苏省作家协会主办 扬子江诗刊

复印件2页，供参考）。他很希望能看到有关治疗自己病有关的最新动态。因此，有一个不情之请，如果你方便的话，是否可代买几期这个刊物（不分新旧，因为学术动態和信息是没有時间性的）寄來，並告訴我價格，由我把錢滙去。如不方便，就作罷，千萬不要為難。

另外，《绿野》诗社几個成员的作品集，我已嘱新華事人员寄给你。（其中新草地一書有我寫的序），不知收到沒有？

匆匆，问

文安。

卓琦培
2007.3.25.

址:南京市颐和路2号扬子江诗刊社 电话/电传:(025)83731479 邮编:210024

陈总编：

您好！

有一事相商：目前，咱的《风[illegible]》报已出了37期，而繁体只有新近的18期。这18期，每期印2000张，邮出去的不到500份，库存余1500份以上，共计27000张。如果能有什么好办法把这两万柒仟多张（可能要有500公斤）弄到台湾去，在台北、台中、高雄等地分别发放出去，（如有赞助者的话，也可以接受一些）可能会产生一些影响的。

山西芮城凤梅集团 公用笺

0359-3026338　8868636（兼传真）　3287234

我曾经产生过这么一个设想：如果海外华人对咱这个弘扬中华传统文化却得不到政府支持的"孤儿"有了资助，一旦能在您与秦老师、各主编的发动之下，——我每期订上100本或200本《海鸥》《葡萄园》、《华夏春秋》，赠送给大陆的文友和支持《凤梅人》的各位先生。——这样，对有关系的各个杂志社也有了推动，甚至，那个未曾谋面的《秋水》、新加坡的《赤道风》也一并入网，对咱们祖先的传统文化，兴许就起到了空前的传承作用。

山西芮城凤梅集团 公用笺

0359-3026338 8868636（兼传真） 3287234

只是我们这500公斤的报纸，除了邮寄，还有没有更省钱的运输办法？

另外，很渴望见到陈总一面，并聆听教诲。如果方便，能来一下最好了。我们家乡这个地方，是咱们祖先最先称之谓"中国"的地方，有关公的故乡、家庙，有元祖祠堂的家庙，有"欲穷千里目，更上一层楼"的鹳雀楼，有《西厢记》中的莺莺塔、光庙、苏三监狱、大槐树等等。

敬

礼

刘焦智

丁亥年九月初六午时于徽堂书

珍贵的友谊无价　致台客先生

德州学院历史系信笺

台客先生：

正当我住院治疗痛苦万分，生不如死的时刻，收到您寄来的信和您与陈福成先生救助我的200美元！她让我看到友谊的珍贵！她让我有了坚强活下去的勇气和信心！人的伟大，在于人品的伟大！陈福成先生和您是敬重的君子！

恰逢我的新书《心鸣集》出版，寄16本给您，请指正，并在贵刊上登一书评。

我将另去信给陈福成先生，并给他寄去16本《心鸣集》，以示我衷心的感谢！

我目前仍处高烧、疼痛之中，度日如年！但您们的帮助使我得到安慰。有您和陈先生等诗人的友谊，我将拼命的活下去，奋斗！草成于病床之上，见谅！

祝安！

愚弟：周文春
2006年[illegible]

注
另附诗稿，盼见于夏季号。不行则弃之！

电话：2303088转846

第　　页

福成兄：你好！

书已收到，看到老战那节诗兴，希望我们合作成功！我会加紧实施华夏春秋的复刊计划，首先需要邀请兄长的是华夏春秋刊头的一份资料复印件，以及你社长及本刊社委托我担任主编的聘书或委托书（社长仍由你担任）其他编委人员除你提供的名单外，另外增加大陆上的社会知名人士，这样更加扩宽了本刊的知名度和份量。

关于办刊宗旨仍然以宣扬春秋大义，弘扬儒的思想，这是中华民族优良传统的精神

P1

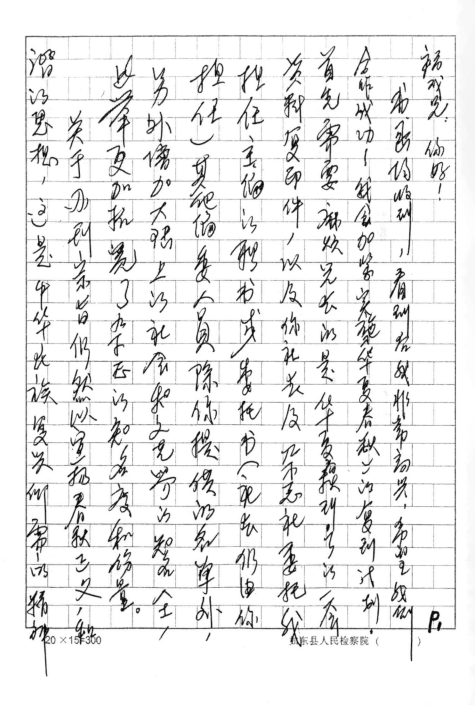

实质（我个人之言）例以说办刊思想不甚妥。
办刊形式不变。仍沿用原刊的繁体字，16开
本64页彩色封皮，封面200g铜版纸，内页
70g双胶或轻型纸。本刊内容诗歌、散文、小
说、报告文学、社会科学、政论文、文章不限
包容兼备。办刊他地不变，另增加大陆
投稿行、阅处，行衔不变。至于增送多
少册由寒舍和由你定夺，但不得过500册
寄刊物均由我又联寄出，你提供台湾地

便赠刊的对象（个人或单位）通讯名录就行了、邮费用由我来处理，另外你寄赠给大陆的对象你也把名单提供给我就行了。此事我会办妥的。

你放心，我既然能把贵刊之事承担起来，我会想一切办法维护好它走出。不能说办得最好，赶超什么的，我会尽力朝更好的方向发展壮大。继续接下去就是刊物的事。當今時代稿源的事情，一方面從台灣的友好由你聯系下，由他們把稿件投到大陸外，一方面由你將存稿也付。台灣來稿我會按時間按質量刊登。大陸稿我陸續。其他需要完善的，你要加以說明。我爭取在之月底把刊物印刷裝起來。希望你寄些你們常用資料，我不好辦，

望印刷刊物出来寄，速回再！急盼回音！

此

祝您的創作與我們合作成功

順安！

高作國

二〇〇二年元月十日.

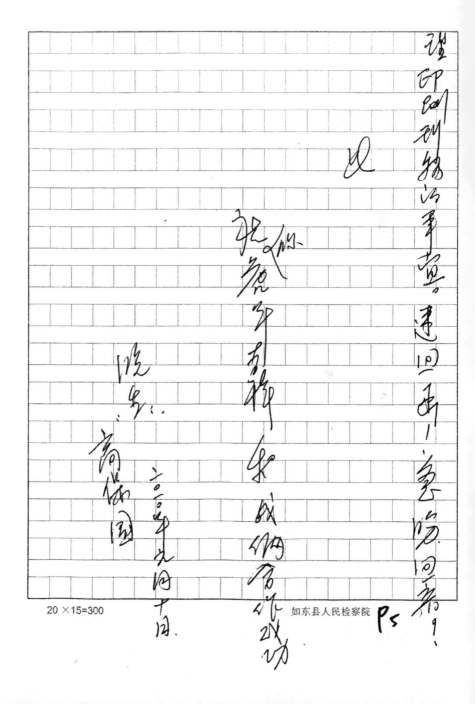

陳福成兄：您好！

有一事求助于你，我大侄南京大学教授，退休被"打成右派"，现在他写了一部书，因为内容涉及"中国东方党"置有些左右的东西，出版很难，大陆的出版社不可能出版，为此，我想请你帮忙联系一家台湾省的出版社，给予出版，了却这位退休老人的心愿。我请你把出版（台湾）手续告诉我，最好要多少钱（台币）等于多少（人民币），书只3万字。我详细地问了一下，此书台湾应该可以出版！望速回复，详情告知！

祝陈兄健康长寿，中秋快乐

弟：高保国
2011.9.9

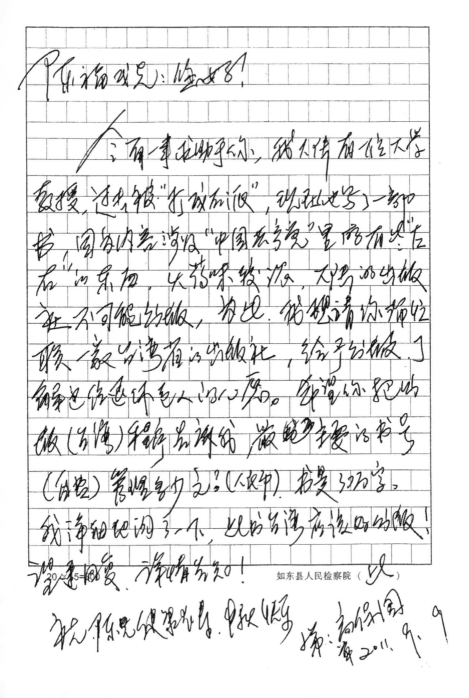

華中希望創業園
HUA ZHONG HOPE START AN UNDERTAKING FIELD

陈福成老师：您好！

2011年9月20日，多么美的诗意的一天！郑州相聚时的情景仿佛就在眼前。希望这样的交流更多些更活跃更诗歌些！

您们什么时候回台的？我很奇怪，给台客先生发了邮件，询问您们的行踪，都"系统退信"。以前，我给台客先生的邮件都被退了回来。元旦，把一些文件寄给了诗人绿蒂。绿蒂发给台客先生的东西也被退了回来。我想，是不是台客先生的邮箱有问题？

从这次的照片中选了两张，一张是给您的，另一张请转给台客先生好吗？《梧桐树》诗刊2011年11月本文期您已有，就不寄了。寄上我的诗集《梦里不知身是客》，请指正！

祝一切好！

汤青青
2011年9月22日

总部地址：武汉市复兴村航天花园113栋3单元202室
电话(传真)：027-83569516　　邮政编码：430023
网　　址：WWW.2518.com.cn
敬告读者朋友："希望卡"经国家版权部门依法登记注册（证号为：17—1997—F—039），法定由华中希望读书社独家发行。

第　　页

陳福明詩兄：您好！

久未聯繫！您寄來的《台灣文人行——鄭州之遊之旅》相冊已收，勿念！

從那份中可以看出，您是一位做事認真之人，把书用塑料袋細細包扎。這種認真、執著的精神，想也在您的各種創作中有所體現。謝謝您，辛苦了！

自鄭以后，我才發現，沒有您的通聯地址。您給我的名片上也沒有詳址。后來先生的郵箱也屢屢發不出去郵件。所以，好几期《牧月園》詩刊都沒能寄給您。這其中，也包括您的大作發表的那期。現在，寄寄給您，望喜歡！再有聯系不上您，但我以《牧雨》詩刊、《蘭園》詩刊上等待您的大作和信息，祝賀您！

寄上一份《洛陽晚報》，裏面有我們的詩詞！

送上春天的問祝福！

洛 青青

2012年 月 日 洛陽

年 月 日 第 頁

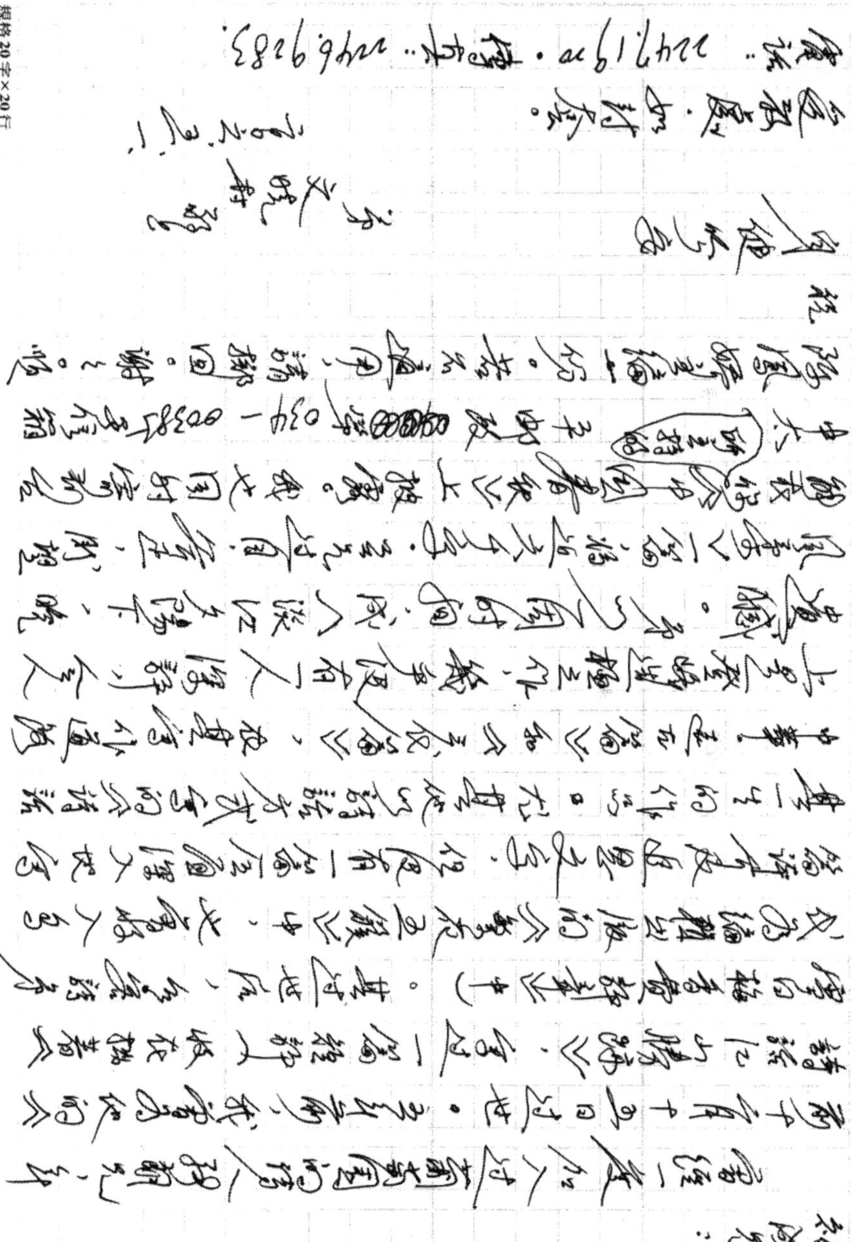
福成兄：

電話：2247.1920・傳真：2246.9283.

陈福成先生：

寄一份成都报纸《晚霞报》给你。

给你的这首书信诗改了两个字，将吉它改为琵琶。我知道你会弹吉它，但那是外来乐器，琵琶是中国乐器，古已有之，故改，这样更加符合实际。

我已年迈，走不动了，不再外出参加约会了，今年西南大学诗学会，我已请辞，不能再去重庆和诸位见面了。很高兴结识你，今后只好书信交流了。歉甚。

问好！

2012.8.23

福成先生：

前时收到你寄来的诗稿，并知是由金筑先生荐到，这里，我首先向你表示感谢，感谢你对《老年文学》的支持。

你的诗作，我们将于2010年第一期刊出，从你的诗作和来信中，知道你是成都人，这使我们倍感欣喜，乡梓之情，可惜相识太晚，我们希望你继续支持《老年文学》。

在台湾，我有相熟的朋友，一位是辅仁大学的阮廷瑜教授，我们是在唐代文学研讨会，李白研讨会，柳宗元研讨会等多次相识，他也数度为《老年文学》撰过诗稿。另一位是台湾师范大学文幸福教授，那次是在海南岛的会议那次我们也有诗相互赠答。

先生可能是在台湾大学执教吧，来函告知，以便我们刊用你的稿件时略作介绍。

腊岁寒冬，问候先生全家好

冬祺

张天健 于都江堰市
成都大学校区板房屋
2009.12.27

赠先生一册2009年末《老年文学》一册。

都江堰市玉壘诗歌学会编辑部用笺

福成先生：

惠书得悉，分外欣喜。你所赠我大著，将与我们老年文学同仁共同分享。

你生于台湾，祖籍成都，更有一层乡谊。由诗人金筑相荐，牵起文缘，先生诗文，我们当陆续选用。

我生于1932年，与先生比，马齿徒增。一生与文相约相伴，浮沉漂泊，始终研治唐诗，创作散文，间也写小说，写旧体诗，浪有浮名。现将拙著散文集《逝水流殇》一册，奉赠先生，都是我人生经历与心路历程，书中自序："我的文笔档案"，先生更详知了作。

大约清明节后4月分，都江堰市老年文学将召开一次文学笔会，不知先生是否得暇，请来函告。届时我们将向你发寄邀请柬。2008年，诗人金筑曾应邀来都江堰参加会议，游览名胜，希望这次你和金筑能一道同来。尊意如何，盼复。谨致

春祺

张天健　于都江堰市成大栖迟板房屋。

2010.2.6

地址：四川都江堰市文庙街二号市政协内
电话：(028) 87132090
邮政编码：611830

陳福成先生：

大札拜读，同时收到诗刊《葡萄园》。上面有你的大作和简介，知道先生是成都人，欢迎你回來看一看。拜读了你们的《华夏春秋》，敬佩你们的情怀，才寄信，以示我的支持。

有二个想法：如果能动员国民党老兵写一部回忆抗日战争生活的《抗日战争回忆录》，一定会受到读者欢迎。这是《华夏春秋》不可缺少的一部分。希望你能组织这一活动，抗日战争年代的老兵不多了。应当抢救他们的记忆。如果可行，我愿意担负在大陆组织出版的活动。

这是我的想法，供你参考

祝安

[illegible]

06.6.15

陳福成詩友：

信、詩作收到了，並轉寄給北京《世纪瞭望》刊物主编錢通先生，他的通讯处：邮编一〇一一〇〇，北京市通州区八里桥邮局一四四号信箱《世纪瞭望》编辑部。

这是一家综合性刊物，盼你们建立联系。

我虽住成都，並不瞭解他，你的老家在北門外，我将托省联办的先生邓励查找，更欢迎你归来，九十月气候最佳，我当迎候，你归来日期确定后，建议你直接给四川省政府台联办公室写信，我将你的信再安排，这样，一切都会方便些，可行否？

你的刊物办得不错，谢谢了。

祝大安

雁翼

06.11.22

福成先生：

您好！

很高兴收到11月18日大札、也很激动、谢谢您！

在当下经济社会里、无论在台还是在大陆，我们这些把生命献给文学和诗的人都不易，也许在大陆更为艰难。知您还准备系统地全面对拙诗撰写系列文章并编辑成书、给我指导和鼓励，很感动！

再随信寄上我以前出版的八本书、可作为您撰写大作时的资料、参考。

您博览群书、作品涉及诗歌、文化、政治、军事、经济，令人钦佩。与您相识、相知很幸运！

祝

文祺

[illegible]

2011.12.6 敬上

陳福成兄：

您好！

第二次寄來的书还未收到，我已给他们打了七、八次电話，打的是郵政的电話，海关的电話无人接。我给她们說包里的书一次是赠品，不是商业销售，允許给我多少就给多少，余下的如數退回即可。但她们說海关方面还要請示领导，我让她们给海关說說。她们說不一个事，很不好說。

中國的真实情况就是这样，政府官员及各部门平时管人很方便，一旦被他们查出，便过不去，就是要能罚你多点钱的走私，否则要经济的处罚，几本送朋友看的书都不行。像给出版社說說，让他们找物流公司负责货物的去向，說收货方至今未收到。这样郵办海关不给我送，也不敢随便处理的。寄上几份刊登大著出版之信息，再次感谢支持！

祝

好

[illegible] 2012.7.20日

00296 [illegible]

貴州大學

陈先生：

您好！

我叫龙梅，是贵州大学图书馆的一名管理员，此次冒昧的给您写信，主要是最近看到您准备给我们图书馆捐赠图书一事所感动，作为一名中华儿女，时时刻刻都惦记着祖国大陆的炎黄子民，此举亲佩。

此信是以我个人的名誉书写的，我看过您的重要著编译作品的书目，很遗憾，没有看过您的作品，看得出您是一个很有才华的作家，

貴州大學

还有一颗爱国之心，对我来说都是望尘莫及的，我想在不久的将来一定能看见您及拜读您的作品。

另外，我准备在放寒假之时，也就是在2013年元月中旬去台湾，此行的目的是旅游，探亲，访友，不知道是否您能在百忙之中，见我一面，不甚感激。最后，祝您及家人健康，平安，幸福！

此致敬礼！

手机 13984052554　　龙梅亲笔.

QQ 380618068　　2012年12月4日

福成先生：

寄來《尋找一座山》和《從地獄歸來》二冊收到了，謝謝！

所言「那座山」，林太評之「朦朧美」，的確「心遠」。座山的人要有相對的功力、品味和水平。想不是在找尋一座山，而是已擁有一座山了，太幸福了！希望你要珍惜，先擁有也是在修的。

謝謝你寄來新的稿子。你批評瀟揚楓的作品入「江湖夜雨十年燈」，一篇多序、評灑灑，俳句驚豔，節奏明快，亮麗耀眼，美之極的評論文，太好了，最後，[illegible]

敬頌

吟安、

新年快樂

[illegible]上

二〇〇二、十二、二十九

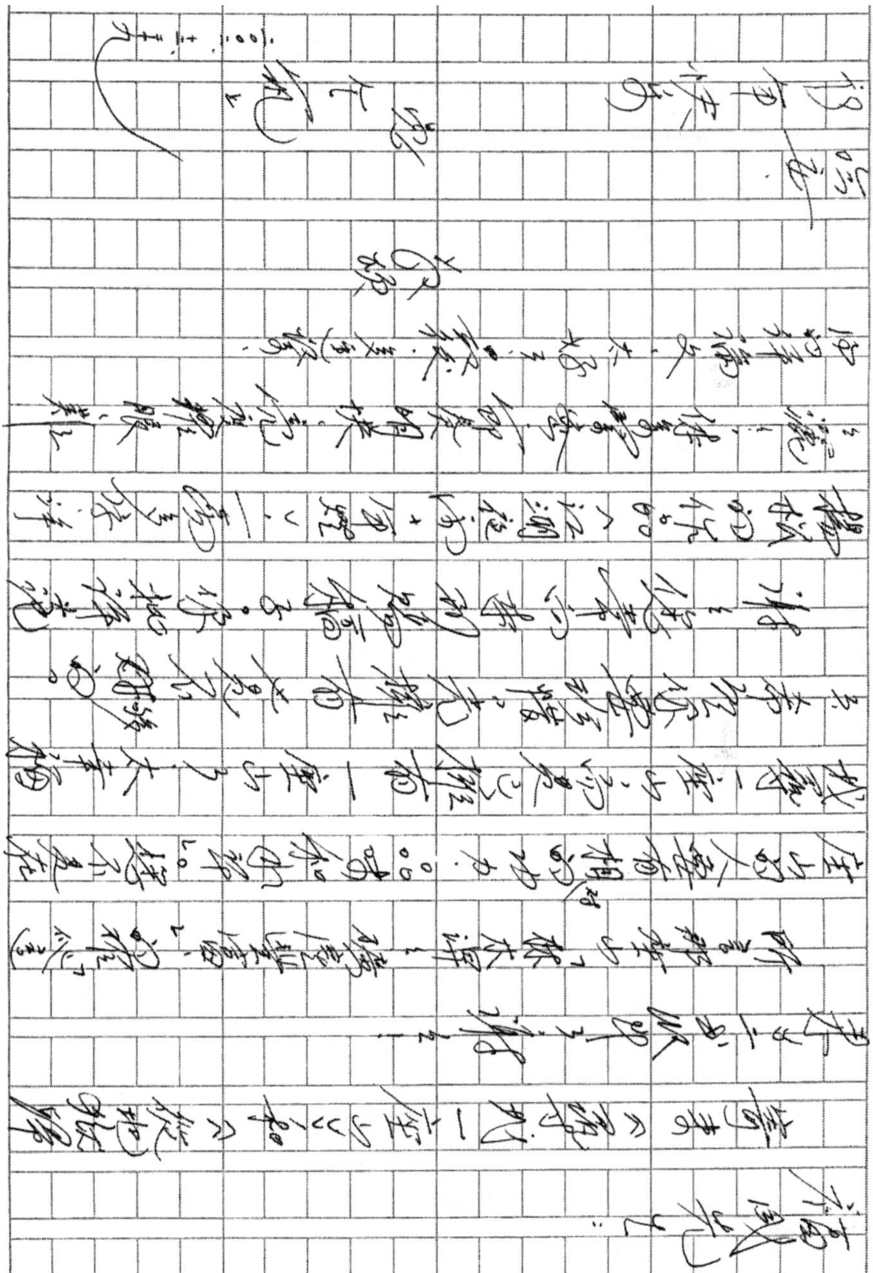

重庆出版社

陈凤娣先生：

　　您好。

　　上《葡萄园》诗刊见到《华夏春秋》的约稿启事，就匆匆寄了八首小诗，都是回忆父母和童年生活（除最末一首），奉上请审处。如蒙发表，当不胜感激。

　　我也常写评论文章。因未见过贵刊，不知写哪类题材为好。拙诗如蒙发表，见到样刊我就好下笔了。

　　耑此，并颂

编安

潭昊　胡仁田

通信处：重庆龙家湾重庆出版社（400016）
电　话：(023) 68893683

CH002·122·859

福成吾兄：

知道你從台大總教官退休，即投身寫作，

無限敬佩，因為能出任台大總教官一職，軍

中找不到幾個人，能當此高位。從戎以後是

多年從[illegible]，以熱心助人，又令錢[illegible][illegible][illegible]路為

人趣[illegible]路一面，更[illegible]人[illegible][illegible]，[illegible]去社會[illegible]

後，進[illegible]左道[illegible]場。[illegible][illegible][illegible]才路，人已不多了

。弟寫[illegible]友，感到無限慚愧和汗顏等。

也遠[illegible]賀年，祝[illegible][illegible][illegible]詞曲兩首。謹指

正。另有兩分[illegible]本手邊，無[illegible]存[illegible]，已[illegible]成[illegible][illegible]

如果沒有清揮，我再請他到師大書法借
修參考蕃發亦不達，這兩首比較成熟一些。
至于「發講」一詞是寫到往年全集P21處集於
出版紀念專輯發講P21第錄第八行「移師」改紅以參
備立言無聞，請找到他再到常年請給指教。
專此　敬頌
撰安
弟　瘦雲　手肅　頓首
六廿六

陳福成先生：

你好。

為您作了一則嵌名小聯，書了，並奉上，敬請大鑒。

聯為：蟾蜍向山祈洪福，膽液涂地功告成。

二○○八年十一月二十日

陳猴昕

福成詩弟：（容我如此稱呼）
上次收到你的大作，此次又收到新
出版大作「幻夢花開一江山」詩集，
待翻至後面一頁，看到作品庫
藏量拍賣及購買方法，洋
洋大篇，知道你是軍事專
家，著作等身，各種軍事
戰略，文藝，教科書……等無
所不寫，出書之多，令我驚訝
贊佩。
我雖是秋水同仁，但寓居南
部，台北同仁聚會較少出席，
此次是一年一次秋水聯誼才北
上參加，得以認識你，真是
相見恨晚，不識廬山真面
目，失禮之至，也在此致謝，
讓我以虔誠，謹慎，恭敬的
心情來拜讀品閱兩次贈送
的大作吧！

詩姐
欣心上
2008.4.23.

秋水詩刊創刊三十週年紀念稿紙

福成詩兄如晤：

大著「性情世界」收妥，謝謝。

吾兄性情中人也，今前書刊出版影響會，榮於與吾兄相會，並蒙贈書《春秋記實》，而深知後詩僅閱讀，深覺吾兄乃一真性情中人也！人直口快，敢說敢言，反觀今日詩文界，少如兄之流詩酒潤者，哪有幾人？十分令人欽佩！今後能遇性情世界之詩作詠之日，確信弟之所謂「性情中人者」，誠不虛也！吾兄素遵之道，風雅詩旨，不論其鳥、獸、虫、魚、花草樹木皆與人有深情，讓人讀之難以釋手，可謂篇篇珠璣之作，感人至深，特此奉函致謝，並祝

吟安

弟 孫家駿（魯蛟）敬上

二〇〇七 五．七

秋水詩刊社 敬贈　　社址：台北市郵政十四支五十七號信箱

敬祝陳福成先生
新春佳節快乐
黄中模
二〇〇九、春節賀

江陈两会新风开盛世，
海峡三通迎春景丽神州。
——欢迎光临巴渝大地

福成詩友，

台灣風災，未能即時送上問候，罪甚！試[redacted]如風中之荷，縱已傾斜[redacted]霜露，亦能屹立不倒！

平[illegible]闔[illegible]！

詩弟 曾偉强 上

2008.8.18

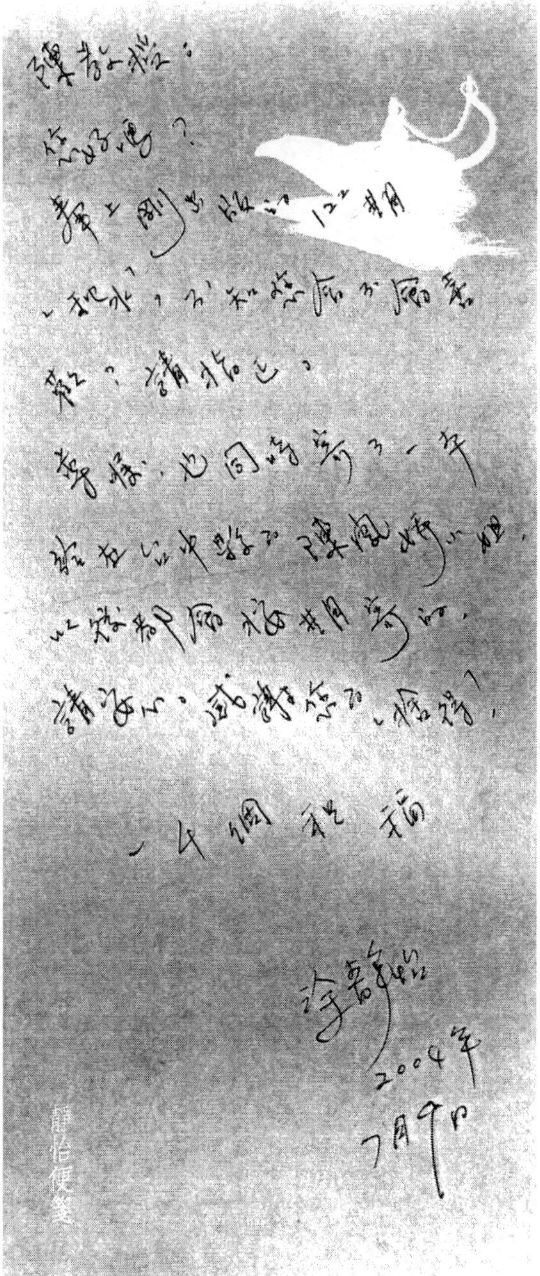

陳老師：

您好嗎？

手上剛出版的12期《秋水》，不知您有沒有收到？請指正。

另外，也同時寄了一本給在台中縣的陳鳳嬌小姐，以答謝她為本期寄詩，請安心。感謝您的「指導」。

一併[illegible]祝福

涂靜怡

2004年

7月9日

靜怡便箋

稠成詩弟：

可以這樣稱呼你嗎？這樣的稱呼親切些。詩友們都叫我「靜怡姐」或「涂姐」，同仁們稱我「大姐」，你想一想，怎麼稱呼順口，你就以「姐」來稱呼好嗎？

那樣感人的「一封信」，可不可以刊出？或者，你也要像心的那樣「詩」「稿」「呼籲」？

二本著作都收到了，哇！好美的二本書啊！

我明天一早出國，到北京去參加「兩岸女詩人詩會」，8月4日回來，你的書等我回來再細讀。

你是一位深情的於樸詩人，寄來的作品刊在「詩屋」贊助人欄內可以吧？表示兄弟情深，122期的「秋水」已發排，寄給日中的嫂嫂陳寶娟她走了，請安心。再一次感謝！我們同甘共築「詩屋」的夢想的。

一切 祝福

涂靜怡 2004年7月23日

福成詩弟：

很抱歉！人老了，近年來常常忘東忘西的，還常做一些不該犯的「錯事」，太可羞了！出去訪問前才收到你的信，因為很感人也深受感動，「秋水書簡」可以刊出，不料，大大下旬去訪問回來，竟忘了這件事，在收到你的詩信後，又寄出了一些，其中「紫色書囊」還寄了二次，真是，拿來上刊，不該發表了，那是2000年出的書，不知何時寄回一本，由著自己放置？「認識」「秋水」也請翻譯不要忘記寄書，等你感覺再寄，因為，篇幅不夠了，詩的存稿和文稿都太多，下一期就先發表你的「書簡」好了。真是對不起。請你原諒。

再次 致歉

涂靜怡
2004年
8月8日

稱成詩弟：

你好嗎？每一次讀你的信，都感覺好親切！好溫馨。收到你的三本大著後，「旅北極歸來」及「尋找一座山」就知道你是一位多方面都很傑出的詩人作家。能詩能文，又洋溢著個性，使你一切都那麼有活力。

謝謝你指正「秋水詩刊」加油！目前詩壇已甚好了，預計12月發信，不是缺錢，只好向銀行借，以20年來經營。我知道，我幾年來日子過得很辛苦，但不後悔。今年，「秋水」找到了歸宿，再辛苦，都值得。

同時，某書就要出來了。感謝你的關心和付出，我一生都會記得，你的情誼，我會永遠記得。在我生涯最困難的時候，是你伸出了援手，對你的感謝，是說不完的了。

如有20、30行的好詩稿，請惠賜，好早一點出版「秋水」。你還幫得上了，不是嗎？「秋水」都引退了。我也過了六十大，這輩子年紀有些選，但我會寫詩。謝謝路廊。每天讀一些，可以多認識你一些。

一切順　祝福

涂靜怡　2006年9月20夜

福成詩弟：

你好嗎？每一次讀你的信，都感覺好親切！好溫馨。收到你的二本大著後，「從地獄歸來」及「尋找一座山」就知道你是一位多方面都很傑出的詩人作家。能詩能文，不同調的個性，使你一切都那麼有活力。

謝謝你替「秋水詩屋」加油！目前詩屋已蓋好了，預計12月交屋，不足之數，只好向銀行貸，以20年來償還。我知道，未來幾年的日子會過得很辛苦，但不後悔，為「秋水」找到了歸宿，再辛苦，都值得。

同時，楚楚就要成家了。感謝你的關心和付出，我一直以點滴在心頭，你的照顧，我會永遠記得。在我最徬徨無助的時候，是你付出了很多，對你的感謝，是說不完了。

如有20行以內的抒情詩，請惠賜，好早一點來成為「秋水人」。你已經有好久了，不是嗎？「秋水」都31歲了。我知道你不大，這幾年來有些遠，但我願詩情，詩之路上，因為有一點，可以多認識你一些。

人人個祝福

涂靜怡　2004年
9月2日 夜

福成学弟：

知道你因經濟因素不得不將「華夏春秋」停刊時，真是為你的雄心壯志抱屈，亦為島內正義之声減弱担憂，好在其他雜誌仍多，你的文采仍有園地可供发揮，希望你稟志堅持。

日本人從明朝開始就大舉入侵中國，當時被称為「倭寇」，「明治維新」以後就企圖征服全世界，他們的路线是——攫取满蒙，佔領中國，征服全世界。自九一八始到無条件投降，倭寇殘殺了千百萬中國人，可是他們並沒有懺悔，祇認為輸在兩顆原子彈，有朝一日还是要佔領中國，所以現在日本的一切篡改歷史的举動，就是為未來再度殘殺中國人做準備。

我不願意中國人的後輩和世人丧失警覺，因此非常贊成对日本人辱婦獸性的宣传，特寄些剪報给你，以及兩份「南京大屠殺」的DVD碟，作为你以做為文的参考，亦可多拷貝几份DVD碟送给有関单位和人員用作宣傳，看看日本人的真面目有多凶残!!（只可惜沒有翻譯成中文，同時不知此拷貝是否可用作电視放映？）

祝你

新春愉快

再接再勵

孫大公

2007.02.15

福成先生暨夫人：

大作《我所知道的孫大公》早已收到谢谢
我系十七期黄埔同学曾在十八、十九期任教 和吳
言西講学長在陸軍大学参謀班同学，他已于今年一月
因病去世，甚感悲悼，如有机会欢迎您到上海来
观光参访

新年来臨恭祝

節日快樂　健康長壽　萬事如意　闔家幸福

夏世鐸敬贺

2011.12.

中国艺术家交流协会　终身名誉主席
西南联合大学上海校友会　会长
上海市黄埔军校同学会　理事
上海市黄埔军校同学会普陀区工作委员会　主任委员
政协上海市普陀区十一届委员会　委员
上海市普陀海外联谊会　理事

夏 世 鐸

地址：上海市大渡河路1668号1号楼C区1308B室
电话：52564588-3327　邮编：200333
住址：上海市莲花路425弄13号302室
电话：021-64804493　邮编：201102

江苏省黄埔军校同学会

福成先生大鑒：

首先感謝賜寄《我所知道的孫大公》大作，二〇〇一年 大公学長率「黃埔校友旅美訪問團」作「溯源之旅」來南京晉謁孫中山先生陵寢，由江蘇省黃埔軍校同學會接待，有緣相處交流數日，欽佩 大公学長愛國愛民族精神，惜時日匆匆未儘暢談，此後僅每年均互致年卡賀歲，今獲 先生大作，拜讀之餘得以全方位認識 大公学長，確為副題：為中華民族再添一抹光彩。

弟為十五期第六總隊校友，抗戰爆發時在南京國立中央大學實驗中學讀書，為抗日救國投筆從戎。抗戰勝利后任職于國防部二廳。時代變遷，但堅持愛國愛民之心

地址：南京市北京西路30号宁海大厦1910室　　邮编：210024
电话：025-86631261（传真）　83321128-1910　86636376

江苏省黄埔军校同学会

未减。大 学长與弟所處有異，但愛國愛民之心互通，親愛精誠校訓互遵。世界潮流奔騰向前，順之者昌，逆之者亡。馬英九執政以來，兩岸關係好轉，我黄埔校友流血換取台灣光復，豈容"獨"？！和平统一乃當今潮流，願我黄埔校友努力奮鬥以求早日實現。然否？

再次感謝！祝

安康！

学弟 張修齊敬禮！

二〇一一年五月十四日于南京。

地址：南京市北京西路 30 号宁海大厦 1910 室 邮编：210024
电话：025-86631261（传真） 83321128-1910 86636376

上海市黃埔軍校同學會

福成摯友：謝謝您惠寄大作《我所知道的孫大公》。孫大公摯友，曾多次來訪，我們還曾同他一起在莊嚴處結下深厚的友誼。從您的大作使我感到很親切。我們上海和台灣黃埔的同學，是我們都熱愛祖國，期盼祖國實現和平統一。歡迎您到上海來走走。並請家友安心，祝全家幸福

[illegible]
2011.5.7

秋水詩刊 40 周年紀念
暨《戀戀秋水》詩選新書發表會

親愛的 [illegible] 詩友：

時光如水悠悠地流逝，對於這一路上相伴的詩的夥伴們，心中除了滿滿的感激之外，更是秋水的歷史中最珍貴的回憶。

秋水詩刊即將在明年元月（秋水 160 期）畫上了句點；而費時一年半，秋水第五本也是最後一本詩選《戀戀秋水》終於出版了；因此我們打算配合詩選的發表，提前在台北舉辦四十周年紀念會，歡迎親愛的詩友們蒞臨，共襄盛舉。

秋水詩社主辦

2013 年 6 月 15 日

時間：2013 年 7 月 6 日下午 2 點
地點：紀州庵（台北市中正區同安街 107 號）
交通：一、古亭捷運站 2 號出口，沿同安街步行（10-15 分鐘）。
二、公車 253、297、673 強恕中學。297、671、673 河堤國小。
《注》出席與否，請務必於六月底前告知，以便安排。
Email： jinhomester@gmail.com

福成先生道鑒：

薰風作拂，化日方長，敬維
文祉增綏，為學發軔為頌，渥蒙
賜贈「我所知道的孫大公」著作乙書，隆情盛意，感
篆良殷！
賢棣才華藝世，文采繽紛，長年以來潛心著作，作品廣涉軍事、領導管理、小說、翻譯及現代詩等六十餘冊，誠謂「軍人作家」，當之無愧！本書詳述
大公老師允文允武，無私無我之一生行誼，身在海外，仍心繫國是，強烈國家民族情操，堪為革命軍人忠貞典範。所贈鉅作，當珍藏拜讀，特虔函馳謝！

適值國防事務變革之際，敬祈
時賜箴言，俾資借重，不勝企禱！耑此　順頌
近安

高華柱　敬啟

一〇〇年五月六日

華柱用箋

陸軍軍官學校
CHINESE MILITARY ACADEMY
FENG-SHAN TAIWAN
REPUBLIC OF CHINA

福成平安

官校教了卅幾期教師節只收到唯一的一
張賀卡真慚愧 59期決定不再教了應該
自我反省 官校原來仍聘我兼兩班59期詩
學校既不要師 也不重道 何必為五斗折腰
大樹離鳳山不遠 歡迎聊
張為高雄上月調回官校
我仍每晨四時半起床更讀經禱告自身心甚健勿念你
努力加餐及時自勉
知我者代問好
多謝寄金門詩高雄的也收

墨人
9.9

福成兄：

今日已將〈把腳印典藏：〉一書寄給〈文訊〉資料組負責人吳穎萍女士，並囑其若欲更多收藏你的大著，主動和你聯絡，此書之訊刊出後，也要寄一本〈文訊〉供你存查。

附贈〈我們這一班〉小書一本，供茶餘飯後一閱、

台客

2016年3、

KING EAGLE

中国《诗海》诗刊编辑部

陳社長：您好！

欢迎您、台客等台湾著名人物来我家乡采风。我将让您看到辽宁东戴河的开放壮丽图景、葫芦岛导弹海军基地、李自成与吴三桂和張作霖与吴佩孚大战的京东首关九门口、秦皇遗址和孟姜女投海处……我将以最大热情迎接。时间安排在2014年5月份。

此致

祝能成功！

地址：辽宁省葫芦岛市绥中118信箱　邮编：125299
电话：0429-3657052　15898271473

金土
2013，12，23

中国《诗海》诗刊编辑部

陈福成社长：您好！

在您的大力支持下，《华夏春秋》以报纸的形式，在大陆已出版十二期了，发展势头很好。为取得更大成绩，我准备《华夏春秋》报从下期开始增办《华夏春秋》诗刊。殷切希望继续得到您的支持，并提出具体指导意见。先致谢意！

此致

祝友谊长存！

金土 2014年4月15日

地址：辽宁省葫芦岛市绥中118信箱　邮编：125299
电话：0429-3657052　15898271473

中国《诗海》诗刊编辑部

陈福成老師：

给我的回信，最好能写上七至八百字，刊登在《华夏春秋》詩刊的卷首页上；同时还要寄来您的生活照，刊登在《华夏春秋》诗刊的彩页上。

金土禾

2014.4.15

地址：辽宁省葫芦岛市绥中118信箱 邮编：125299
电话：0429-3657052 15898271473

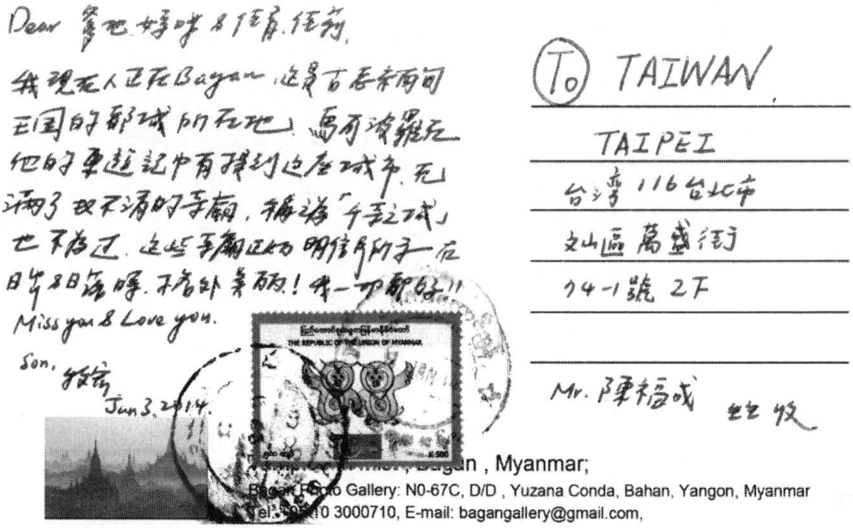
Dear 爹地、媽咪 & 佑育、佑翎，

我現在人正在Bagan，這是古老緬甸王國的都城所在地。馬可波羅在他的東遊記中有提到這座城市，充滿了數不清的寺廟，稱為「千塔之城」也不為過。這些寺廟正如明信片所示，在日出&日落時，格外美麗！希一切都好!!

Miss you & Love you.

Son, 佑信

Jun 3, 2014.

To TAIWAN,

TAIPEI

台灣 116 台北市

文山區萬盛街

74-1號 2F

Mr. 陳福成 收

..., Bagan , Myanmar;

Bagan Photo Gallery: N0-67C, D/D , Yuzana Conda, Bahan, Yangon, Myanmar

Tel: ...10 3000710, E-mail: bagangallery@gmail.com,

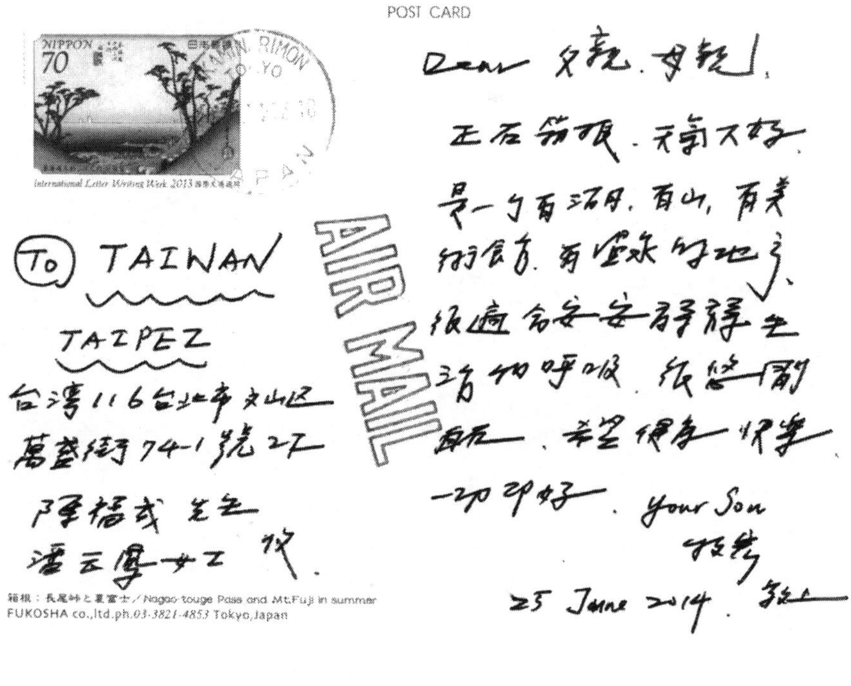
POST CARD

NIPPON 70

KAMINARIMON TOKYO JAPAN

International Letter Writing Week 2013

AIR MAIL

To TAIWAN

TAIPEI

台灣 116 台北市文山区

萬盛街 74-1號 2F

陳福成 先生

潘玉鳳 女士 收.

Dear 父親、母親，

正在箱根，天氣很好。是一個有湖泊、有山、有美術館、有溫泉的地方，很適合安安靜靜地呼吸。很悠閒自在。希望很多快樂，一切都好。

Your Son 佑信

25 June 2014. 箱根

箱根：長尾峠と夏富士／Nagao-touge Pass and Mt.Fuji in summer

FUKOSHA co.,ltd.ph.03-3821-4853 Tokyo,Japan

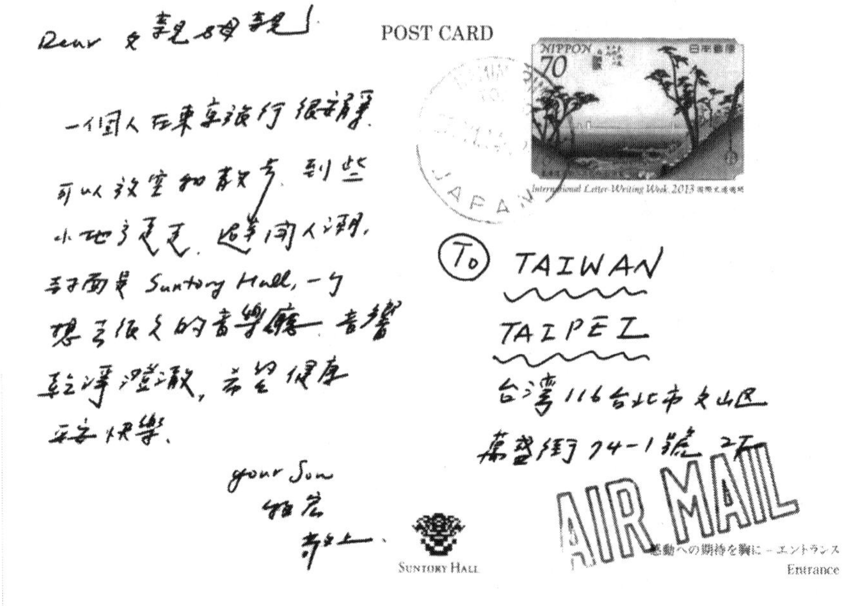

Dear 父親母親

一個人在東京旅行很舒服.
可以放空和散步. 到些
小地方走走. 遠離人潮.
對面是 Suntory Hall, 一個
想去很久的音樂~~廳~~. 音響
乾淨澄澈, 希望健康
平安快樂.

your Son
柏宏
敬上.

(To) TAIWAN
TAIPEI
台灣116台北市文山區
萬盛街74-1號2F

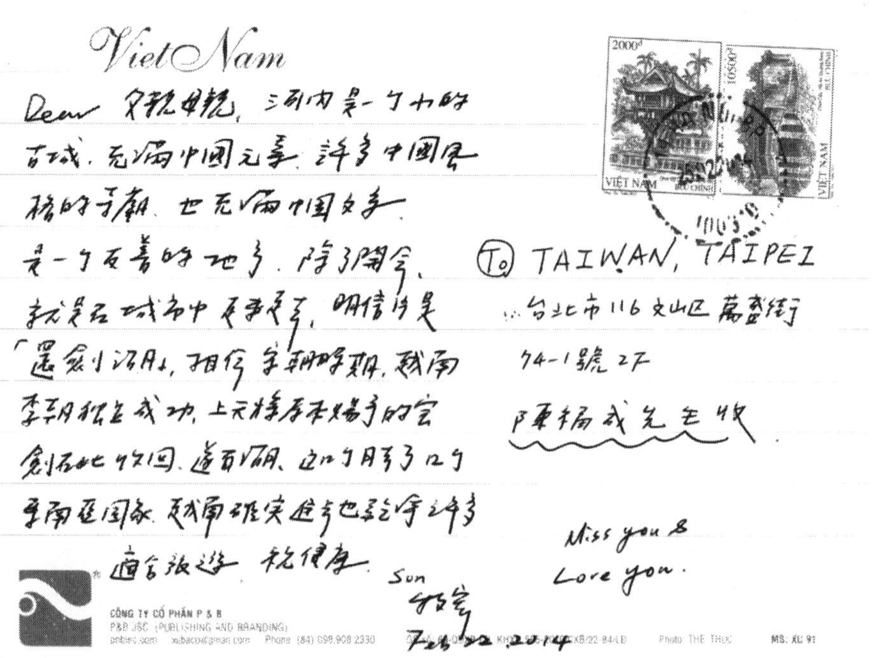

Dear 父親母親, 河內是一個小的
古城. 充滿中國元素. 許多中國風
格的寺廟. 也充滿中國文字.
是一個友善的地方. 除了開會.
就是在城市中走走逛逛. 明信片是
「還劍湖」, 相傳在明朝時期. 越南
李朝起義成功. 上天將原本賜予的寶
劍給收回. 遠百湖. 這2個月去了12個
東南亞國家. 越南雖然遊客也很多仍許多
適合旅遊. 祝健康.

Son
柏宏
Feb 22. 2014

(To) TAIWAN, TAIPEI
台北市116文山區萬盛街
74-1號2F
陳福成先生收

Miss you &
Love you.

謹訂於98年2月14日（星期六）下午2時

在台北賓館（台北市凱達格蘭大道1號）

舉辦「2009新春文薈」

歡迎

蒞臨指導

貴賓證

陳福成

馬英九 敬邀

1. 敬請親自出席，憑貴賓證於下午1：20前入場。
2. 因附近停車不便，請搭乘大眾運輸工具（捷運請於台大醫院站下）。
3. 聯絡人 鮑愛梅　電話：02-23964256轉147　傳真：02-23927221

主辦：國家文化總會　贊助：行政院文化建設委員會

江苏省作家协会主办　扬子江诗刊

福成先生：

大作古晟的誕生收到，此书集先生六十年詩作於一冊，十分珍贵，谢謝您。

您託我轉交的詩集已交給子川和張王飛。今另寄我和幾位詩友的詩集《天籟之音》敬請指教，附上名片一張方便聯系。我每期寄給您的揚子江詩刊都收到否？順請

文祺。

[illegible]
2013.12.15.

The Yangtze River, Journal of Poetry
地址:南京市颐和路2号扬子江诗刊社　电话/电传:(025)83731479　邮编:210024

福成兄

我已遷居，新地是

新北市林口區竹林路11-1號6樓

電話 (886-2-) 26020210

今後請寄新地連絡。

謹此奉聞，並頌

時祺

夏菁 2014.3.10

※ 我的搬家非常辛苦不堪，所印此紙也到
近日才開始陸續寄發。已收前天收到近期《葡萄園》，
見到所撰介紹大陸詩人王學忠的長文，不禁想說幾
句話。你列舉屈、陶、李、杜和現代李敖、魯迅、
和王學忠，認為是能反映大眾、敢同情、吶喊民族心聲
的七大家。首先，李敖和魯迅就不是以詩與屈、陶、
李杜。李敖的作品有什麼反映大眾，敢同情吶喊民

"落後"之處呢，魯迅的新詩舊體詩在臺灣數量甚少，而舊詩佳也絕不足以繼屈、陶、李、杜。其思想相當庸俗。毛澤東以前大捧魯迅，只為其特定政治目的的，就是只將"國統區"的作家"搞臭"，未來不少與毛澤東政策，而在延安，魯迅好像"魯藝"都明白說只有延安不可學魯迅！

王學健我以前不知道，也沒看過其詩，但從大文中引其詩學來看，頗多甚好精品。我看他也許可以與王鵬運、書山等人列為一個系統，與屈、陶、李、杜相距極遠！大陸若干極力吹捧他的人可能也是別有用心的。（其中譚五昌、張佳惠之將其詩估為極高者可能是較偏袒的）

能繼屈、陶、李、杜的偉大傳統的，詩文一起看吧，我以為可舉出白居易、韓愈、陸游、鄭板橋、黃遵憲，舉做為六個以上甚少人能"達人道"、"救國之意"、"喚醒民族魂"的代表。你對此兩人個都不在那裡，也使我覺得很奇怪。還有你文章的最後一句"這是我們我們的階級意識"我覺也甚不安。文學就是要打破階級意識！文學大師的人道也不會有階級！以為如何？請再思考。

楊[illegible] 2014.5.16.

陳福成 80 著編譯作品彙編總集

編號	書　　名	出版社	出版時間	定價	字數（萬）	內容性質
1	決戰閏八月：後鄧時代中共武力犯台研究	金台灣	1995.7	250	10	軍事、政治
2	防衛大臺灣：臺海安全與三軍戰略大佈局	金台灣	1995.11	350	13	軍事、戰略
3	非常傳銷學：傳銷的陷阱與突圍對策	金台灣	1996.12	250	6	傳銷、直銷
4	國家安全與情治機關的弔詭	幼　獅	1998.7	200	9	國安、情治
5	國家安全與戰略關係	時　英	2000.3	300	10	國安、戰略研究
6	尋找一座山	慧　明	2002.2	260	2	現代詩集
7	解開兩岸 10 大弔詭	黎　明	2001.12	280	10	兩岸關係
8	孫子實戰經驗研究	黎　明	2003.7	290	10	兵學
9	大陸政策與兩岸關係	黎　明	2004.3	290	10	兩岸關係
10	五十不惑：一個軍校生的半生塵影	時　英	2004.5	300	13	前傳
11	中國戰爭歷代新詮	時　英	2006.7	350	16	戰爭研究
12	中國近代黨派發展研究新詮	時　英	2006.9	350	20	中國黨派
13	中國政治思想新詮	時　英	2006.9	400	40	政治思想
14	中國四大兵法家新詮：孫子、吳起、孫臏、孔明	時　英	2006.9	350	25	兵法家
15	春秋記實	時　英	2006.9	250	2	現代詩集
16	新領導與管理實務：新叢林時代領袖群倫的智慧	時　英	2008.3	350	13	領導、管理學
17	性情世界：陳福成的情詩集	時　英	2007.2	300	2	現代詩集
18	國家安全論壇	時　英	2007.2	350	10	國安、民族戰爭
19	頓悟學習	文史哲	2007.12	260	9	人生、頓悟、啓蒙
20	春秋正義	文史哲	2007.12	300	10	春秋論文選
21	公主與王子的夢幻	文史哲	2007.12	300	10	人生、愛情
22	幻夢花開一江山	文史哲	2008.3	200	2	傳統詩集
23	一個軍校生的台大閒情	文史哲	2008.6	280	3	現代詩、散文
24	愛倫坡恐怖推理小說經典新選	文史哲	2009.2	280	10	翻譯小說
25	春秋詩選	文史哲	2009.2	380	5	現代詩集
26	神劍與屠刀（人類學論文集）	文史哲	2009.10	220	6	人類學
27	赤縣行腳・神州心旅	秀　威	2009.12	260	3	現代詩、傳統詩
28	八方風雨・性情世界	秀　威	2010.6	300	4	詩集、詩論
29	洄游的鮭魚：巴蜀返鄉記	文史哲	2010.1	300	9	詩、遊記、論文
30	古道・秋風・瘦筆	文史哲	2010.4	280	8	春秋散文
31	山西芮城劉焦智（鳳梅人）報研究	文史哲	2010.4	340	10	春秋人物
32	男人和女人的情話真話（一頁一小品）	秀　威	2010.11	250	8	男人女人人生智慧

陳福成80著編譯作品彙編總集

編號	書　　　名	出版社	出版時間	定價	字數（萬）	內容性質
33	三月詩會研究：春秋大業 18 年	文史哲	2010.12	560	12	詩社研究
34	迷情・奇謀・輪迴（合訂本）	文史哲	2011.1	760	35	警世、情色
35	找尋理想國：中國式民主政治研究要綱	文史哲	2011.2	160	3	政治
36	在「鳳梅人」小橋上：中國山西芮城三人行	文史哲	2011.4	480	13	遊記
37	我所知道的孫大公（黃埔 28 期）	文史哲	2011.4	320	10	春秋人物
38	漸陳勇士陳宏傳：他和劉學慧的傳奇故事	文史哲	2011.5	260	10	春秋人物
39	大浩劫後：倭國「天譴說」溯源探解	文史哲	2011.6	160	3	歷史、天命
40	臺北公館地區開發史	唐　山	2011.7	200	5	地方誌
41	從皈依到短期出家：另一種人生體驗	唐　山	2012.4	240	4	學佛體驗
42	第四波戰爭開山鼻祖賓拉登	文史哲	2011.7	180	3	戰爭研究
43	臺大逸仙學會：中國統一的經營	文史哲	2011.8	280	6	統一之戰
44	金秋六人行：鄭州山西之旅	文史哲	2012.3	640	15	遊記、詩
45	中國神譜：中國民間信仰之理論與實務	文史哲	2012.1	680	20	民間信仰
46	中國當代平民詩人王學忠	文史哲	2012.4	380	10	詩人、詩品
47	三月詩會 20 年紀念別集	文史哲	2012.6	420	8	詩社研究
48	臺灣邊陲之美	文史哲	2012.9	300	6	詩歌、散文
49	政治學方法論概說	文史哲	2012.9	350	8	方法研究
50	西洋政治思想史概述	文史哲	2012.9	400	10	思想史
51	與君賞玩天地寬：陳福成作品評論與迴響	文史哲	2013.5	380	9	文學、文化
52	三世因緣：書畫芳香幾世情	文史哲				書法、國畫集
53	讀詩稗記：蟾蜍山萬盛草齋文存	文史哲	2013.3	450	10	讀詩、讀史
54	嚴謹與浪漫之間：詩俠范揚松	文史哲	2013.3	540	12	春秋人物
55	臺中開發史：兼臺中龍井陳家移臺略考	文史哲	2012.11	440	12	地方誌
56	最自在的是彩霞：台大退休人員聯誼會	文史哲	2012.9	300	8	台大校園
57	古晟的誕生：陳福成 60 詩選	文史哲	2013.4	440	3	現代詩集
58	台大教官興衰錄：我的軍訓教官經驗回顧	文史哲	2013.10	360	8	台大、教官
59	為中華民族的生存發展集百書疏：孫大公的思想主張書函手稿	文史哲	2013.7	480	10	書簡
60	把腳印典藏在雲端：三月詩會詩人手稿詩	文史哲	2014.2	540	3	手稿詩
61	英文單字研究：徹底理解英文單字記憶法	文史哲	2013.10	200	7	英文字研究
62	迷航記：黃埔情暨陸官 44 期一些閒話	文史哲	2013.5	500	10	軍旅記事
63	天帝教的中華文化意涵：掬一瓢《教訊》品天香	文史哲	2013.8	420	10	宗教思想
64	一信詩學研究：徐榮慶的文學生命風華	文史哲	2013.7	480	15	文學研究

陳福成 80 著編譯作品彙編總集

編號	書　　　名	出版社	出版時間	定價	字數（萬）	內容性質
65	「日本問題」的終極處理 — 廿一世紀中國人的天命與扶桑省建設要綱	文史哲	2013.7	140	2	民族安全
66	留住末代書寫的身影：三月詩會詩人往來書簡	文史哲	2014.8	600	6	書簡、手稿
67	台北的前世今生：圖文說台北開發的故事	文史哲	2014.1	500	10	台北開發、史前史
68	奴婢妾匪到革命家之路：復興廣播電台謝雪紅訪講錄	文史哲	2014.2	700	25	重新定位謝雪紅
69	台北公館台大地區考古・導覽：圖文說公館台大的前世今生	文史哲	2014.5	440		
70	那些年我們是這樣談戀愛寫情書的（上）	文史哲				
71	那些年我們是這樣談戀愛寫情書的（下）	文史哲				
72	我的革命檔案	文史哲	2014.5	420		革命檔案
73	我這一輩子幹了些什麼好事	文史哲				人生記錄
74	最後一代書寫的身影：陳福成的往來殘簡殘存集	文史哲				書簡
75	「外公」和「外婆」的詩	文史哲	2014.7	360	2	現代詩集
76	中國全民民主統一會北京行：兼全統會現況和發展	文史哲	2014.7	400	5	
77	六十後詩雜記現代詩集	文史哲	2014.6	340	2	現代詩集
78	胡爾泰現代詩臆說：發現一個詩人的桃花源	文史哲	2014.5	380	8	現代詩欣賞
79	從魯迅文學醫人魂救國魂說起：兼論中國新詩的精神重建	文史哲	2014.5	260	10	文學
80						
81						
82						
83						
84						
85						
86						
87						
88						
89						
90						
91						
92						
93						
94						

陳福成國防通識課程著編及其他作品

（各級學校教科書及其他）

編號	書　　　　　名	出版社	教育部審定
1	國家安全概論（大學院校用）	幼　獅	民國 86 年
2	國家安全概述（高中職、專科用）	幼　獅	民國 86 年
3	國家安全概論（台灣大學專用書）	台　大	（台大不送審）
4	軍事研究（大專院校用）	全　華	民國 95 年
5	國防通識（第一冊、高中學生用）	龍　騰	民國 94 年課程要綱
6	國防通識（第二冊、高中學生用）	龍　騰	同
7	國防通識（第三冊、高中學生用）	龍　騰	同
8	國防通識（第四冊、高中學生用）	龍　騰	同
9	國防通識（第一冊、教師專用）	龍　騰	同
10	國防通識（第二冊、教師專用）	龍　騰	同
11	國防通識（第三冊、教師專用）	龍　騰	同
12	國防通識（第四冊、教師專用）	龍　騰	同
13	臺灣大學退休人員聯誼會會務通訊	文史哲	

註：以上除編號 4，餘均非賣品，編號 4 至 12 均合著。

編號 13 定價一千元。